ANTIKE UND GEGENWART

Caesar · Bellum Gallicum
Der Typus des Machtmenschen

bearbeitet von
Friedrich Maier

Zeichnungen von Anke Bell, Berlin

C.C. BUCHNER

ANTIKE UND GEGENWART

Lateinische Texte
zur Erschließung europäischer Kultur

Herausgegeben von Friedrich Maier

3. Auflage, 11. Druck 2023
Alle Drucke dieser Auflage sind, weil untereinander unverändert, nebeneinander benutzbar.

Dieses Werk folgt der reformierten Rechtschreibung und Zeichensetzung. Ausnahmen bilden Texte, bei denen künstlerische, philologische oder lizenzrechtliche Gründe einer Änderung entgegenstehen.

© 2000 C.C.Buchner Verlag, Bamberg
Das Werk und seine Teile sind urheberrechtlich geschützt. Jede Nutzung in anderen als den gesetzlich zugelassenen Fällen bedarf der vorherigen schriftlichen Einwilligung des Verlages. Das gilt insbesondere auch für Vervielfältigungen, Übersetzungen und Mikroverfilmungen. Hinweis zu § 52 a UrhG: Weder das Werk noch seine Teile dürfen ohne eine solche Einwilligung eingescannt und in ein Netzwerk eingestellt werden. Dies gilt auch für Intranets von Schulen und sonstigen Bildungseinrichtungen.

Layout und Satz: i.motion, Bamberg
Druck: mgo 360 GmbH & Co. KG, Bamberg

www.ccbuchner.de

ISBN 978-3-7661-**5964**-9

Vorwort

Caesar ist auf der politischen Bühne Europas eine der markantesten Figuren; seine Wirkung auf die Geschichte des Kontinents ist nachhaltig. Dieser Römer hat durch das Überschreiten des Rubikon – ein rechtswidriges Vorgehen – zum ersten und einzigen Male einen Weltbürgerkrieg vom Zaun gebrochen, der die ganze „bewohnte Erde" heimsuchte und politisch verwandelte; aus ihm ist die „Caesaren"-Herrschaft hervorgegangen, das „Kaisertum", eine Staatsform, die bis an die Schwelle unserer Zeit fortdauern sollte. Caesar hat auch durch die Eroberung Galliens das Fadenkreuz in der Vorstellung dessen, wo das Zentrum der Welt liegt, nach Norden verschoben; der Historiker Leopold von Ranke sieht darin sogar „die Geburtsstunde Europas".
Caesar war ein Eroberer, der seine Ziele kompromisslos durchzusetzen versuchte, machtbewusst und erfolgsorientiert. Der Franzose Napoleon, der die Schriften des Römers auf seinen Feldzügen durch Europa mit sich führte, wollte es ihm wie nicht wenige andere „Welteroberer" gleich tun. An Caesar scheiden sich die Geister. Für die einen „sammelt sich alles Große in der wunderbaren Gestalt Caesars" (Jakob Burckhardt), andere dagegen, wie Theodor Birt, nennen ihn „ein glänzendes Raubtier" oder rechnen ihn, wie Rolf Hochhuth, zu den „Tätern der Weltgeschichte". Faszination und Provokation gehen offensichtlich von dieser geschichtsmächtigen Person aus. Deshalb beschäftigen sich auch die Literaten mit Caesar intensiv, gerade im 20. Jahrhundert, so etwa Thornton Wilder („Die Iden des März") und Bert Brecht („Die Geschäfte des Julius Cäsar"). Auch der Film hat die Geschichte dieses Römers mehrmals auf die Leinwand gebracht.
In Caesar tritt uns der Typus des europäischen Machtmenschen entgegen, der sein persönliches Interesse mit dem des Staates gleichsetzte, es letztlich sogar über dieses stellte – was ihm zum Verhängnis wurde: Der Tyrann wurde ermordet. In seinem Werk äußert sich die Kunst, sich durch Sprache immer ins rechte Licht zu setzen und den politischen Gegnern durch kluge Taktik die Argumente gegen ihn aus den Händen zu schlagen. Die Strategie der Eroberung deckt sich mit der Strategie der Rechtfertigung.
Caesars Text ist keine glatte, wohltuende Abenteuererzählung, er ist widerborstig, provokativ, ein Rechtfertigungsbericht über folgenreiche militärisch-politische Taten, die zur kritischen Auseinandersetzung auffordern; es geht um Grundfragen von Politik und Moral, vor allem um die Bedingungen des „Gerechten Krieges", wie er nach römischer Doktrin verstanden wurde. Person und Werk betreffen den Leser mit diesen überzeitlichen Dimensionen. „De bello Gallico" wird deshalb zu Recht in der Schule auch heute gelesen.

Friedrich Maier

Didaktische Hinweise

1. Der Originaltext als Bedingung
Um Caesar als markante Gestalt der europäischen Geschichte zu begreifen, bedarf es der eingehenden Lektüre und Interpretation der von ihm verfassten Werke, hier also des Bellum Gallicum. Dies gelingt gewiss nicht oder nicht ausreichend, wenn nur eine kurze Textpartie gelesen wird. Nötig sind dazu ein großräumiger Überblick über die militärischen Unternehmungen und diplomatischen Auseinandersetzungen sowie die Einsicht in die Art seiner Sprache, mit der er sein eigenmächtiges Vorgehen im Norden des Imperium Romanum vor dem Senat in Rom zu rechtfertigen versucht, also letztlich Leserlenkung betreibt.
Dass solche Einsicht in die Sprachführung des Autors und seine Demaskierung nur am Originaltext gelingt, steht außer Zweifel. Weder eine comicartige Visualisierung noch eine ad usum scholae durchgeführte Textvereinfachung lassen dieses Ziel erreichen. In beiden Fällen liegt ja eine Verzerrung, wenn nicht Verfälschung der Autorintention vor; jede Veränderung nimmt dem Text ein Stück seiner Echtheit. Zwischen Autor und Text tritt das Individuum dessen, der den Text „bearbeitet". Man liest und betrachtet (bei visualisierender Umsetzung) einen Text nach Caesar, aber nicht Caesar selbst. Damit schwindet die Chance, Caesar auf die Spur zu kommen und sich mit ihm ideologiekritisch auseinanderzusetzen, ihn „kritisch zu lesen" (H. OFFERMANN). Die wichtigsten Lernziele bleiben damit unerreichbar.

2. Eine neue Konzeption des Textarrangements
Die vorliegende Textausgabe verbindet das Ziel einer großräumigen, rascheres Fortschreiten ermöglichenden Lektüre mit dem Anliegen, Caesars Text in seiner sprachlichen Eigenart möglichst unverändert, also unverfälscht vor die Augen der Schüler zu bringen. Auch hier liegt eine Auswahl von lektürerelevanten Texteinheiten vor; diese sind nach dem Prinzip der Kernstellen-Lektüre und einer diese im Hinblick auf die dazwischen liegenden Texte unterstützenden Begleitlektüre arrangiert (Kursivdruck im lateinischen Text und in der deutschen Übersetzung zeigt Oratio obliqua an). Im Einzelnen verwirklicht sich dieses Konzept folgendermaßen:
1. Im Zentrum stehen die Kernstellen, die sich auf die dramatischen und diplomatischen Schwerpunkte in Caesars Eroberungspolitik konzentrieren; diese Stellen sind kolometrisch angelegt sowie mit sub-linea-Kommentar und „Aufgaben zur Interpretation" als Übersetzungstexte aufbereitet.
2. Wichtige, aber für das Übersetzen zu umfangreiche oder zu schwierige Texte sind in bilingualer Form angeboten und mit Fragen zum Verständnis des (auch lateinischen) Textes versehen; der Handlungs- oder Verhandlungsfortschritt kann darin verfolgt werden. Hier ist „synoptisches Lesen" möglich.
3. Längere Textpartien, vor allem über kriegerische Auseinandersetzungen, werden in zusammenfassender Paraphrase geboten.
4. Gelegentlich werden Texte mit schwierigem Inhalt (z. B. über den Bau der Rheinbrücke) in deutscher Übersetzung vorgestellt.

3. Ergänzende Materialien
Begleittexte aus antiker Parallelüberlieferung sollen die Aussageabsicht und die Eigenart Caesars markanter hervortreten lassen, **Zusatztexte** (Z) mit heutigen Urteilen über Caesar seine umstrittene Bedeutung und Aktualität anzeigen. **Informationstexte** (I) dienen der Vertiefung des Wissens um die Realien und der

geschichtlichen Zusammenhänge. Bilder aus dem Bereich des Münzwesens und der Archäologie sollen, soweit möglich, einen authentischen Eindruck von der Welt vermitteln, in der Caesar lebte und agierte. Gemälde aus neuerer Zeit, die Situationen in Caesars Bericht illustrieren, veranschaulichen das beschriebene Geschehen und können zum kritischen Vergleich anregen.

Wo solche optischen Hilfen fehlen, werden Geschehnisse oder Personen in Bildskizzen angedeutet, um das Textverständnis zu erleichtern oder die Fantasie zu beflügeln. Solche Zeichnungen begegnen vor allem in den Teilen der Ausgabe, die sich eher für die Mittelstufenlektüre eignen; denn hier verfolgen die Schüler die Lektüre noch mehr erlebnisorientiert, sie sind noch stärker auf ikonische Unterstützung angewiesen.

4. Hilfen im Anhang

Im Anhang sind Textarrangements zu den beiden wichtigsten Ereignissen im Leben Caesars geboten; sie können die Lektüre abrunden:
1. Das Überschreiten des Rubikon (Sueton-Text)
2. Die Ermordung Caesars (Sueton-Text)

Verzichtet ist auf einen Autorenwortschatz und auf einen Sach- und Personenindex, da alle nötigen Angaben jeweils sofort im sub-linea-Kommentar gegeben werden. Eine Liste zu den Stilmitteln ist angeboten, ebenso ein neuer methodischer Vorschlag zum Einstieg in die Caesar-Lektüre über Eutrop.

5. Planungshilfen

5.1. Zum Verhältnis von Texteinheit und Zeitaufwand

		Buch I		Buch IV		Buch V	Buch VI	Buch VII
Thema	Proöm	Helvetierkrieg	Ariovistauseinandersetzung	Caesar am Rhein	Der Griff nach Britannien	Dumnorix Symbolfigur	Germanen ein anderes Volk	Vercingetorix Galliens Freiheitsheld
Texteinheit	1	2-29	30-53	1-19	20-36	1-7	23	A
Übersetzungskapitel	1	6, 7, 11, 12, 13, 14, 20, 25, 26	30, 31, 37, 38, 40(A), 44, 45	15, 16, 18, 19	24, 25, 29, 31	6, 7	23	4, 14, 15, 77, 89
Zeitansatz	2 Std.	20-25 Std.	8-10 Std.	6-8 Std.	8-10 Std.	5-6 Std.	3 Std.	5-8 Std.

5.2. Mögliche Unterrichtsprojekte

Für die Mittelstufe	Für die Oberstufe
a) Proöm – Helvetierkrieg – Griff nach Britannien 30-40 Stunden	a) Proöm – Ariovist – Dumnorix – Vercingetorix 20-25 Stunden
b) Proöm – Helvetierkrieg – Caesar am Rhein – Griff nach Britannien 36-48 Stunden	b) Proöm – Ariovist – Dumnorix – Germanen – Vercingetorix 23-28 Stunden

Diese Projekte verstehen sich nur als Vorschläge; auch andere Kombinationen sind – je nach Kenntnisstand und Interesse der Schüler sowie möglichem Zeitaufwand – denkbar. Ziel sollte es in jedem Fall sein, möglichst viel von Caesars Werk und Wirkung den Schülern zu vermitteln.

Einleitung

1. Caesars politischer Aufstieg und die Eroberung Galliens

Gaius Iulius Caesar, 100 v. Chr. geboren, aus dem alten Patriziergeschlecht der Julier stammend, sah sich schon frühzeitig zur politischen Führung bestimmt. Er wolle, so soll er gesagt haben, lieber in einem Alpendorf der erste als in Rom der zweite Mann sein. So durchlief er in rascher Folge die Ämterlaufbahn vom Quästor (68) und Ädil (65) bis zum Prätor (62), sodass er bereits mit 40 Jahren zu den herausragenden Persönlichkeiten auf der politischen Bühne Roms zählte. Er schloss sich im Jahre 60 mit Pompeius und Crassus, den damals mächtigsten Männern, zu einem „Dreibund" (Triumvirat) zusammen. Dieses Bündnis sollte der Festigung der persönlichen Macht im Staat dienen. Ohne diese drei Männer oder gegen ihren Willen konnte nichts Entscheidendes unternommen werden. Der Senat, das wichtigste Gremium der republikanischen Verfassung, war gelähmt; die ‚Dreimänner' ließen keinen Beschluss zu, der einem von ihnen nicht gefiel.

Viele der Senatoren fühlten sich in ihrer Autorität beeinträchtigt, zogen sich zurück oder beschränkten sich auf Widerstand gegen das Triumvirat. Vor allem der jüngere Cato, der an der alten Ordnung festhalten wollte, opponierte gegen die republikfeindlichen Bemühungen der Triumvirn, zuallererst gegen Caesar; denn dieser versuchte im Jahre 59, im Amt des Konsuls, ein neues Ackergesetz durchzubringen, um durch Vergabe von Staatsland an Neubauern einerseits berechtigte Ansprüche der Soldaten des Pompeius zu befriedigen, andererseits sich selbst die Gunst des Volkes zu sichern. Cato wurde auf Veranlassung des Konsuls zweimal kurzfristig verhaftet. So hatte sich Caesar diesen Mann zum erbittertsten Gegner gemacht.

Allerdings sicherte er sich seine politische Stellung in Rom durch zwei folgenreiche familiäre Aktionen: Er selbst heiratete Calpurnia, die Tochter von Lucius Piso, der seine Nachfolge im Konsulat antreten sollte; seine Tochter Iulia verheiratete er mit dem wohl einflussreichsten Politiker der Zeit, der zehn Jahre älter als er war, mit Gnaeus Pompeius. Er war einer der Triumvirn.

Der römische Biograf Sueton berichtet über die Ereignisse des Jahres 59 (Divus Iulius c. 21 - 2): „Um diese Zeit heiratete er Calpurnia, die Tochter

Pietro da Cortona: Verstoßung der Pompeia und Vermählung Caesars mit Calpurnia, 17. Jh.

von Lucius Piso, der seine Nachfolge im Konsulat antreten sollte, und vermählte seine eigene Tochter Iulia mit Gnaeus Pompeius, nachdem er ihre Verlobung mit Servilius Caepio ... aufgelöst hatte."

Als er im Jahre 58 Rom verließ, um nach seinem Konsulat die Statthalterschaft in den beiden gallischen Provinzen (Gallia Cisalpina und Gallia Narbonensis) sowie in Illyricum für fünf Jahre anzutreten, hatte er in Rom gefährliche Feinde zurückgelassen; gegen diese musste er sich durch Rechtfertigung seiner Unternehmungen im Norden ständig zur Wehr setzen.

Das noch nicht von Rom unterworfene Gallien war für Caesar der Raum, wo er durch Eroberungen den militärischen Ruhm erwerben konnte, den Pompeius, in dem er seinen größten Rivalen sah, längst errungen hatte. Caesar kümmerte sich nicht darum, dass ein Provinzstatthalter aus eigenem Antrieb – außer bei unmittelbarer Bedrohung – nicht Krieg führen durfte; er wurde in den folgenden sieben Jahren – das Prokonsulat verlängerte man ihm im Jahre 55 v. Chr. – zu einem der größten Eroberer Roms.

2. Die *Commentarii de bello Gallico*

Die in Gallien vollbrachten Taten hat Caesar in seinem Werk *Commentarii de bello Gallico* niedergeschrieben; es umfasst sieben Bücher, die die Ereignisse in den Jahren 58 - 52 v. Chr. darstellen. Ein Buch ist jeweils einem Jahr gewidmet (annalistisches Prinzip). Caesar hat das Werk selbst verfasst und veröffentlicht, in der vorliegenden Form wohl, wie die meisten Fachleute annehmen, erst im Jahre 51 v. Chr., also gegen Ende seines Aufenthaltes in Gallien. Das achte Buch, in dem die Geschehnisse des Jahres 51 erzählt werden, fügte Aulus Hirtius, ein hoher Offizier, hinzu.

Caesar hat für seine Darstellung den Begriff *commentarii* (zu *comminisci* ‚sich erinnern, gedenken') gewählt; sie bezeichnen also eine Art von ‚Gedächtnisstütze', ‚Erinnerungsprotokoll'. Diesen Bericht schreibt der Autor nicht um seiner selbst willen, sondern er richtet ihn an die führenden Politiker in Rom, an die Senatoren, um sein Vorgehen in Gallien, seine Maßnahmen und Erfolge im rechten Licht erscheinen zu lassen und um sich seinen Kritikern und Feinden gegenüber zu rechtfertigen. Caesar ist durch Boten und Mittelsmänner ständig in Kontakt mit Rom. Er will sich ja nach seiner Rückkehr zum zweiten Mal zum Konsul wählen lassen. Er weiß allerdings auch, dass seine Gegner ihn nach seiner Rückkehr vor Gericht stellen wollen – wegen Überschreitung seiner Machtbefugnisse als Provinzstatthalter.

Caesar will also durch seine Rechtfertigungsschrift auf die Senatoren Einfluss ausüben. Die *Commentarii de bello Gallico* haben deshalb eine klare Intention. Damit stellt sich notwendigerweise die Frage nach der Objektivität der Darstellung. Hat Caesar immer und überall die historische Wahrheit berichtet? Diese Frage ist seit der Antike nicht eindeutig beantwortet worden; sie stellt sich heute dem Forscher wie dem Leser aufs Neue.

Das Besondere und Bemerkenswerte an Caesars Schrift ist, dass hier eines der wenigen Werke der Antike vorliegt, in denen herausragende Politiker selber ihre Taten der geschichtlichen Überlieferung anvertrauen.

Giorgio Vasari: Caesar beim Schreiben der *Commentarii*, 16. Jh., Florenz, Palazzo Vecchio

Der Inhalt der *Commentarii de bello Gallico*

Nachfolgend ist kurz der Inhalt der einzelnen Bücher angegeben. Den für das jeweilige Jahr beschriebenen Ereignissen in Gallien werden die gleichzeitigen Vorgänge in Rom gegenübergestellt, soweit sie sich auf Caesars Politik beziehen:

Aureus mit Siegestrophäe aus gallischen Waffen, geschlagen von Caesar, ca. 50 v. Chr.

Aureus mit dem Bildnis Caesars mit goldenem Kranz, geschlagen von Octavian, 43 v. Chr.

Gallien	Rom
1. Buch (58 v. Chr.) Caesar verhindert den Zug der Helvetier durch die römische Provinz. Caesar tritt dem nach Gallien eindringenden Germanenkönig Ariovist und seinem Volk entgegen, zunächst in Verhandlungen, dann in einer Entscheidungsschlacht.	Radikale Gesetze des Volkstribunen P. Clodius im Einverständnis mit Caesar, besonders Getreideschenkungen an das besitzlose Volk; auf Betreiben des Clodius Verbannung Ciceros wegen der Hinrichtung der Catilinarier, mit denen Caesar in Verbindung gebracht wurde.
2. Buch (57 v. Chr.) Caesar marschiert gegen die Belger im Norden Galliens. Die Nervier werden vernichtend geschlagen.	Rückberufung Ciceros auf Betreiben des Pompeius. Antrag des Volkstribunen P. Rutilius Lupus auf Aufhebung des Julischen Agrargesetzes, mit dem sich Caesar die Gunst des Volkes sichern wollte.
3. Buch (56 v. Chr.) Caesar gelingt ein Seesieg gegen die Veneter. Aquitanien wird unterworfen.	Konferenz von Luca: Caesar, Pompeius und Crassus erneuern ihr Triumvirat. Domitius Ahenobarbus kündigt für den Fall seiner Wahl zum Konsul an, er werde Caesar die Provinzen nehmen und die Folgen seiner Taten rückgängig machen.

Gallien	Rom

4. Buch (55 v. Chr.)

Die rechtsrheinischen germanischen Usipeter und Tencterer, die den Rhein überschritten haben, werden besiegt. Zur Abschreckung der anderen Germanen überschreitet Caesar den Rhein. In der zweiten Jahreshälfte erfolgt die erste Überfahrt nach Britannien.

Konsulat des Pompeius und des Crassus; Verteilung der Provinzverwaltungen: Spanien an Pompeius, Syrien an Crassus, Gallien (auf weitere 5 Jahre) an Caesar. Catos Bewerbung um die Prätur wird hintertrieben; er stellt im Senat den Antrag, man solle Caesar gefangen nehmen und ihn den Germanen ausliefern.

5. Buch (54 v. Chr.)

Caesar unternimmt die zweite Britannienexpedition.
Beim Aufstand der Eburonen unter Ambiorix werden eine Legion und 5 Kohorten vernichtet; eine weitere eingeschlossene Legion kann Caesar befreien.

Crassus greift in Syrien die Parther an, die die gefährlichsten Feinde der Römer im Osten des Reiches sind. In Rom wird der Ruf nach einem Diktator laut.
Der Senat verlängert Caesar das *imperium proconsulare.*

6. Buch (53 v. Chr.)

Caesar überschreitet ein zweites Mal den Rhein, um die Gallien bedrohenden Sueben einzuschüchtern. In einem ethnographischen Exkurs werden Gallier und Germanen miteinander verglichen.
Caesar nimmt Rache an den Eburonen für die Angriffe auf die Winterlager.

Schwere Niederlage der Römer und Tod des Crassus im Krieg gegen die Parther. Verlust der römischen Legionsadler, der Symbole römischer Macht, im Partherkrieg.
Innenpolitische Krise, da Pompeius im geheimen Streben nach einer Diktatur die Konsulwahlen verhindern wollte.

7. Buch (52 v. Chr.)

Der gesamtgallische Aufstand unter Vercingetorix gefährdet die Erfolge Caesars in Gallien.
Der Eroberung von Avaricum steht der Misserfolg bei der Belagerung von Gergovia gegenüber.
Entscheidungsschlacht bei Alesia, das von den Römern eingeschlossen ist.

Magistratswahlen durch Bandenkämpfe zwischen Clodius und Milo verhindert.
Nach Ermordung des Clodius herrscht Anarchie.
Pompeius wird zum *consul sine collega* gewählt, damit er die Ordnung wiederherstelle.

| **Gallien** | **Rom** |

Sieg der Römer gegen Vercingetorix und gegen das aus ganz Gallien zusammengerufene Entsatzheer.

Die Entfremdung zwischen Pompeius und Caesar führt zur zunehmenden politischen Isolation des Letzteren.

8. Buch (51 v. Chr.)
(*von Caesars Sekretär Hirtius verfasst*)
Caesars Maßnahmen im 8. und 9. Jahr seiner Provinzverwaltung.
Endgültige ‚Befriedung' Galliens und Organisation der Provinzverwaltung. Dabei ‚Milde' und ‚schonende Behandlung' Galliens durch Caesar.

Antrag des Konsuls M. Claudius Marcellus auf Abberufung Caesars: entscheidender Anstoß für Caesar, sich gegen Rom selbst zu wenden.

Vorderseite eines Denars aus dem Jahre 44 v. Chr. mit dem Bildnis Caesars und der Umschrift DICT(ator) PERPET(uus): die erste Münzdarstellung einer lebenden Person in Rom

Ergebnisse des Krieges
Caesar hat in seinem Prokonsulat ganz Gallien unterworfen. Er soll in diesem Krieg 800 Städte erobert und 300 Völkerschaften mit etwa drei Millionen waffenfähigen Leuten besiegt haben, wovon ein Drittel den Tod gefunden hat – ein hoher Blutzoll für die Beherrschung des Landes, in das dann die römische Zivilisation eindrang (Romanisierung).

3. Caesar im Bürgerkrieg und als Diktator in Rom

Caesar musste sich schon während seines Eroberungsfeldzugs in Gallien mit einer immer stärker werdenden Opposition in Rom (↗ S. 10f., rechte Spalte) auseinandersetzen. Am Ende des Prokonsulats glaubte er, den gegen ihn gerichteten Angriffen nur durch eine unmittelbare Konfrontation mit den Gegnern die Spitze nehmen zu können. Sein Ehrgeiz als Machtpolitiker nahm ihm alle moralischen Bedenken, sodass er sich gesetzwidrig gegen Rom selbst wandte.
Es kommt zum Bürgerkrieg, der beträchtliche Veränderungen vor allem in der römischen Politik verursacht.
Die Ereignisse dieser Entwicklung, die auf die Ermordung Caesars zuläuft, sind nachfolgend stichwortartig angegeben.

50 v. Chr. Caesar wird durch Senatsbeschluss zur Abtretung zweier Legionen für Syrien veranlasst.
Caesars Vorschlag auf gleichzeitige Entlassung seines Heeres mit dem des Pompeius bis zum 1. März 49 wird vom Senat abgelehnt.
49 v. Chr. Der Senat weist den letzten Vergleichsvorschlag Caesars auf Belassung seiner Provinzen bis zur Konsulwahl und auf Auflösung seines Heeres bis auf zwei Legionen zurück. Der Senat fordert bedingungslose Amtsniederlegung Caesars und Auflösung seines Heeres.
Staatsnotstand (Notstandserklärung: *senatus consultum ultimum*): Pompeius wird mit der Verteidigung der Republik beauftragt.
Caesar eröffnet den Bürgerkrieg durch Überschreitung des Grenzbachs Rubicon, der die Nordprovinz vom römischen Staatsgebiet trennt; kein Feldherr durfte dieses mit seinem Heer betreten (*alea iacta est*: „Der Würfel ist gefallen"). Caesar nimmt ganz Italien unter Umgehung Roms in seinen Besitz (↗ S. 109ff.).
Pompeius und die Optimaten fliehen nach Griechenland.
Schließlich zieht Caesar in Rom ein.
48 v. Chr. Caesar setzt nach einjähriger Diktatur in Rom nach Griechenland über: Entscheidender Sieg über Pompeius bei Pharsalus (9. Aug.). Pompeius wird auf der Flucht in Ägypten auf Betreiben des Ptolemaios XIII. ermordet.
Caesar kämpft im Osten. Nach seinem Sieg über den Ägypterkönig wird Cleopatra als Königin Ägyptens eingesetzt.
47 v. Chr. Caesar kehrt nach Rom zurück. Die Magistratswahlen werden nachgeholt. Caesar legt die Diktatur nach der Wahl zum Konsul nieder.
46 v. Chr. Die Pompeianer werden bei Thapsus in Afrika geschlagen.
Cato begeht in Utica Selbstmord.
Caesar feiert vierfachen Triumph mit 72 Liktoren.
Hinrichtung des Vercingetorix in Rom.
Caesar erhält die Diktatur auf zehn Jahre.

45 v. Chr. Erhebung der Pompeianer in Spanien unter Führung der Pompeius-Söhne Gnaeus und Sextus. Sieg Caesars bei Munda.
Caesar wird zum Diktator auf Lebenszeit ernannt und zum Konsul auf zehn Jahre gewählt.
Er wird Pontifex Maximus und Oberbefehlshaber über das Heer mit ständigem, erblichen Titel *imperator*.
44 v. Chr. Caesars Versöhnungspolitik; Fürsorge für die Provinzverwaltung. Weltreichpläne Caesars.
Angebot des Königsdiadems durch M. Antonius von Caesar zurückgewiesen.
Verschwörung gegen Caesar durch C. Cassius und M. Iunius Brutus mit 60 Senatoren.
Ermordung Caesars im Senat unter dem Bildnis des Pompeius am 15. März („Iden des März") ↗ S. 111 ff.

Caesar hat die politischen Ereignisse des Bürgerkriegs in den drei Büchern seiner *Commentarii de bello civili* beschrieben. Die unter Caesars Namen überlieferten Berichte über den alexandrinischen, afrikanischen und spanischen Krieg stammen von anderer Hand.

4. Caesar im Urteil der Nachwelt

Michael H. Hart in „Die 100 einflussreichsten Personen der Menschheitsgeschichte" (S. 256):

„Es ist ein Hinweis auf seinen Ruhm, dass sowohl der deutsche Herrschertitel ‚Kaiser' als auch der russische Herrschertitel ‚Zar' sich von dem Namen Cäsar ableiten. Cäsar war wesentlich berühmter als sein Großneffe Augustus, der eigentliche Begründer des Römischen Reiches ...
Cäsars wichtigste Leistung war die Eroberung Galliens, das ungefähr fünfhundert Jahre lang unter römischer Herrschaft blieb. Während dieses Zeitraumes wurde es völlig romanisiert. Römische Gesetze, Gebräuche und die Sprache der Römer wurden übernommen, und schließlich wurde das Land auch von Rom aus christianisiert. Das heutige Französisch leitet sich zu einem großen Teil vom umgangssprachlichen Latein jener Tage ab.
Die Eroberung Galliens hat das Gleichgewicht zwischen den westlichen und östlichen Provinzen Roms hergestellt und mit der Behauptung der Rheingrenze das Vordringen der Germanen für Jahrhunderte aufgehalten. Sie stellte dadurch einen Sicherheitsfaktor für das ganze Römische Reich dar. Diese Leistung allein genügt, ihn als einen der einflussreichsten Männer der Weltgeschichte in unser Buch aufzunehmen."

Rolf Hochhuth in „Täter und Denker. Profile und Probleme von Cäsar bis Jünger" (S. 35 f.):

„Cäsar wird nicht charakterisiert durch seinen ‚Vorausblick' – dergleichen gibt es nicht – auf ein Europa, das angeblich zu schaffen er Gallien genommen habe, sondern wird exakter als durch jede andere Tat gekennzeichnet durch die Erdrosselung des Vercingetorix, einen Tag nach jenem Triumphzug durch Rom, in dem der strategisch so bedeutende Rebell an der Seite der Schwester der Kleopatra und des Sohnes des Königs Juba hatte mitgehen müssen: die Tapferkeit des Soldaten, der nichts getan hatte, als seine unterjochte Heimat zum Aufstand gegen die Unterjocher zu führen, vermochte das Herz des großen Soldaten Julius Cäsar mitnichten zu rühren: Nach fast sechsjähriger Kerkerhaft ließ er den Gallier auf niedrigste Weise totmachen!"

Michael Grant in seiner Caesar-Biografie „Caesar: Genie, Diktator, Gentleman" (S. 15):

„Er war ein scharfsinniger Politiker, ein meisterhafter Propagandist, ein kluger und erfolgreicher Verwaltungsmann, ... ein Mann von bedeutendem, vielfältigem Wissen und Geschmack und ein militärisches Genie. Er ließ seine Truppen mit erschreckender Schnelligkeit marschieren und übte einen magnetischen Einfluss auf sie aus."

Bertolt Brecht in „Die Geschäfte des Herrn Julius Caesar" (S. 107):

„Ein Politiker großen Formats ist C. nicht und wird es nie sein. Bei all seinen glänzenden Fähigkeiten! Was Rom mehr denn je braucht, der starke Mann, der unbeirrbar seinen Weg geht und der Welt seinen Willen aufzwingt, eine große Idee verwirklichend, ist er nicht. Er hat weder den Charakter dazu noch die Idee. Er macht Politik, weil ihm sonst nichts übrigbleibt."

Franz Ferdinand Schwarz in „Caesar oder der Triumph der Verwirklichung" (S. 9):

„Caesar wusste, was er tat, weil er wusste, was zum Erfolg führte; und Erfolg führte zur Macht und die Macht befand sich im Fadenkreuz seiner Interessen, die Macht, die ihn ‚machen' ließ, was er für richtig hielt. Richtig aber war es, weil er es für richtig hielt."

Die erste Seite einer Prunkhandschrift der *Commentarii*, angefertigt für
König Ferdinand I. von Neapel, vor 1488, Wien, Österreichische Nationalbibliothek

LIBER PRIMUS

Das Eingreifen in Gallien

Gallien und seine Bewohner

1 Gallia est omnis divisa in partes tres,
   quarum unam incolunt Belgae,
      aliam Aquitani,
      tertiam,
5   qui ipsorum lingua Celtae,
      nostra Galli appellantur.
Hi omnes lingua institutis legibus inter se differunt.
Gallos ab Aquitanis Garunna flumen,
   a Belgis Matrona et Sequana dividit.
10 Horum omnium fortissimi sunt Belgae,
   propterea quod a cultu atque humanitate
   provinciae longissime absunt
   minimeque ad eos mercatores saepe commeant
   atque ea,
15   quae ad effeminandos animos pertinent,
   important proximique sunt Germanis,
      qui trans Rhenum incolunt,
      quibuscum continenter bellum gerunt.
Qua de causa Helvetii quoque reliquos Gallos virtute praecedunt,
20   quod fere cottidianis proeliis cum Germanis contendunt,
      cum aut suis finibus eos prohibent
      aut ipsi in eorum finibus bellum gerunt.

Abb.: Statue eines gallischen Kriegers. Die Ausstattung mit Panzerhemd, Schwertgehänge, Schild und Mantel sowie dem keltischen Halsring (*torques*) entspricht etwa der Bewaffnung gallischer Krieger zur Zeit Caesars. Ende 1. Jh. n. Chr., Avignon, Musée Calvet

Mit **Gallia** (Name für das gesamte Land zwischen Rhein und Pyrenäen sowie für Oberitalien) ... **omnis** (prädikativ) bezeichnet Caesar das damals noch nicht unterworfene Gebiet des heutigen Frankreich und Belgien.
5 ⟨*homines*⟩ *qui* – **ipsorum lingua** – *sua lingua* – **Celtae, -arum**: eigentlich Gesamtname aller gallischen Stämme, von denen Caesar jedoch die Aquitaner und Belger ausnimmt. Die Aquitaner und Belger grenzen im Süden bzw. Norden das von Caesar als *Gallia* bezeichnete Land ein.
lingua, institutis, legibus: asyndetisches Trikolon (↗ StM) – **institutum, -i**: Einrichtung, Sitte, Brauch – **Garunna**: heute Garonne – **Mátrona**: heute Marne – **Séquana**: heute Seine
10 **cultus atque humanitas**: Hendiadyoin (↗ StM): im Dt. ein einziger Ausdruck – **provincia**: *Gallia Narbonensis* (nach der Stadt Narbo benannt, auch als *Gallia Transalpina* bezeichnet) – **minime saepe**: ganz selten – **commeare**: ein- und ausgehen, verkehren
15 **effeminare** (*femina*) verweichlichen – **pertinere ad**: sich auf etwas beziehen, zu etwas führen
incolere: wohnen – **continenter**: ununterbrochen – **praecedere alqm virtute**: jdn. an Tapferkeit übertreffen
20 **cum** (explicat.): indem

AUFGABEN ZUR INTERPRETATION

1. Was drückt die prädikative Stellung von *omnis* im ersten Satz aus? Worauf kommt es Caesar bei seiner Einteilung Galliens demnach an, worauf nicht?
2. Welches Gebiet wird durch die genannten Flüsse eingegrenzt? Welche Rolle spielen die Flüsse für das Verhalten der Stämme untereinander? (vgl. dazu die Karte)
3. Nach welchem Gesichtspunkt werden die einzelnen Stämme beurteilt? Welche Stellung nehmen dabei die Helvetier ein? Wie begründet Caesar diese Stellung?
4. Welches Licht fällt indirekt im ersten Kapitel auf die Germanen? Was könnte der Grund sein, dass Caesar dieses Volk hier schon zweimal erwähnt?

Die Germanen waren für die Römer seit Langem ein Schrecken. Die geschichtliche Erinnerung an dieses Volk war mit schlimmen Ängsten verbunden. 113 v. Chr. haben die Kimbern und Teutonen ein römisches Heer bei Noreia vernichtet; Noreia, die in den Südalpen liegende Hauptstadt von Noricum, war eine Art Bollwerk nach dem Norden; die Niederlage dort bedeutete deshalb eine unmittelbare Bedrohung Italiens. Man hatte das Gefühl, als würden diese Feinde „wie eine Sturzflut von den Alpen nach Süden" einbrechen. Erst 102 wurden die beiden Stämme von den Römern unter Gaius Marius besiegt. Aus diesen Erfahrungen entwickelte sich die Vorstellung des „Furor Teutonicus", die fast sprichwörtliche „Teutonen-Angst" bei den Römern und ihren Nachfahren.

Der römische Dichter Lucan (39-65 n. Chr.) lässt in seinem Bürgerkriegsepos *Pharsalia* die Bewohner von Ariminum angesichts der Bedrohung durch Caesars Heer nach Überschreiten des Rubicon sagen: „Wir erlebten als Erste den Ansturm der Senonen und den Einbruch der Kimbern, das Kriegsheer aus Libyen und den raschen Durchzug der germanischen Raserei; immer wenn das Kriegsglück Rom herausfordert, wälzt sich hier der Kriegszug vorbei."

Lucan, Pharsalia 1, 254 ff.

Der Helvetierkrieg

Herrschaftsgelüste bei den Helvetiern

2 Der hochadelige und reiche Orgetorix versucht aus Herrschgier, unter dem Stammesadel der Helvetier eine Verschwörung anzuzetteln und die Bürger für einen Auszug aus ihrem Gebiet zu gewinnen. Sie könnten ohne Weiteres, da sie an Tapferkeit alle Gallier überragen, die Herrschaft über das ganze Land gewinnen. Wegen der räumlichen Beengtheit innerhalb von Jura, Rhône und dem heutigen Genfer See hätten sie keine Möglichkeit, ihre kriegerische Leistungskraft zur Entfaltung zu bringen. Orgetorix kann seinem Stamm die eigene Überzeugung erfolgreich vermitteln.

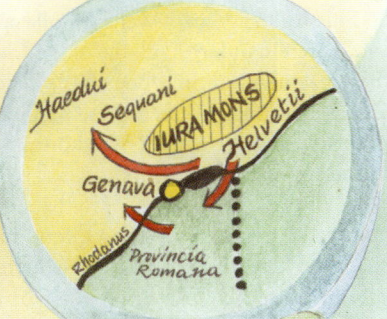

Inwiefern kann die geografische Lage ein Volk zum Auswandern zwingen?
Welches Gewicht kommt dabei dem Machthunger seines Führers zu?

3 Man beschließt, innerhalb von drei Jahren sich auf einen Auszug aus dem Stammland vorzubereiten. Orgetorix, der zur Leitung dieses Unternehmens ausgewählt wird, stellt Verbindungen zu benachbarten Stammesführern her, dem Sequaner Casticus und dem Haeduer Dumnorix, und versucht sie durch das Versprechen, ihnen das *regnum* in ihren Stämmen zu verschaffen, für seine Pläne zu gewinnen und eidlich an sich zu binden. Er selbst wolle in seinem Stamm das *imperium* behaupten. Am Ende könnten ihre drei mächtigsten und stärksten Volksstämme über ganz Gallien herrschen.

4 Als dieser geheime Plan der Machtgierigen den Helvetiern hinterbracht worden ist, zieht man Orgetorix zur Rechenschaft; er soll zum Feuertod verurteilt werden, stirbt aber schon während eines Tumults bei der Gerichtsverhandlung, wahrscheinlich durch Selbstmord.

Warum machen wohl die Helvetier ihrem Führer einen so harten Prozess?

Politik der verbrannten Erde

5 Post eius mortem nihilo minus Helvetii, id quod constituerant, facere conantur, ut e finibus exeant.
Ubi iam se ad eam rem paratos esse arbitrati sunt, oppida sua omnia, numero ad duodecim, vicos ad quadringentos, reliqua privata aedificia incendunt, frumentum omne, praeter quod secum portaturi erant, comburunt, ut domum reditionis spe sublata paratiores ad omnia pericula subeunda essent.

Nach seinem Tod versuchen die Helvetier trotzdem den gefassten Beschluss, nämlich aus ihrem Gebiet auszuziehen, zu verwirklichen.
Sobald sie für dieses Unternehmen bereit zu sein glauben, verbrennen sie all ihre Städte, zwölf an der Zahl, an die vierhundert Dörfer, und alle Einzelgehöfte; sie zünden alle Getreidevorräte an, außer die, welche sie mitnehmen wollen, damit sie, wenn ihnen die Hoffnung auf Rückkehr genommen ist, desto entschlossener seien, alle Gefahren auf sich zu nehmen.

Warum wollen die Helvetier auch nach Orgetorix' Tod dessen Plan durchsetzen? Was erreichen sie durch die Vernichtung ihrer Heimat?

Trium mensum molita cibaria sibi quemque domo efferre iubent. Persuadent Rauracis et Tulingis et Latobrigis finitimis, uti eodem usi consilio oppidis suis vicisque exustis una cum iis proficiscantur.

Boiosque, qui trans Rhenum incoluerant et agrum Noricum transierant Noreiamque oppugnabant, receptos ad se socios sibi adsciscunt.

Mehlvorrat für drei Monate sollte ein jeder für sich befehlsgemäß von zu Hause mitnehmen. Sie überreden die Rauraker, Tulinger und Latobriger, ihre Nachbarn, dass sie demselben Plan folgend nach Einäscherung ihrer Städte und Dörfer gemeinsam mit ihnen ausziehen sollen,
und die Bojer, welche jenseits des Rheins gewohnt haben und nach Norikum gezogen sind und gerade Noreia bestürmen, nehmen sie bei sich als Bundesgenossen auf und schließen sie ihrem Zug an.

Warum veranlassen die Helvetier noch andere Völker zu ähnlichem Vorgehen?

Auswanderungswege

6 Erant omnino itinera duo,
  quibus itineribus domo exire possent:
                unum per Sequanos angustum
                et difficile, inter Montem Iuram
    5   et flumen Rhodanum,
                  vix qua singuli carri ducerentur;
                mons autem altissimus impendebat,
                ut facile perpauci iter prohibere
                possent;
   10   alterum per provinciam nostram,
                multo facilius atque expeditius,
                propterea quod inter fines
                Helvetiorum et Allobrogum,
                  qui nuper pacati erant,
   15   Rhodanus fluit isque nonnullis locis
                vado transitur.
                Extremum oppidum Allobrogum est
                proximumque Helvetiorum finibus
                Genava. Ex eo oppido pons ad Helvetios
   20   pertinet.
                Allobrogibus sese vel persuasuros,
                  quod nondum bono animo
                  in populum Romanum viderentur,
                existimabant vel vi coacturos,
   25   ut per suos fines eos ire paterentur.
                Omnibus rebus ad profectionem compa-
                ratis diem dicunt,
                  qua die ad ripam Rhodani omnes
                  conveniant.
   30   Is dies erat a. d. V. Kal. April. L. Pisone
                A. Gabinio consulibus.

omnino (Adv.) h.: nur – Ⓚ *itineribus* (nimmt *itinera* wieder auf): fällt im Dt. weg
5 **qua** (erg. *via*): wo – **singuli**: einzelne, h.: jeweils nur einer (hinter dem anderen) – **carrus**: vierrädriger Karren, Trosswagen – **perpauci**: sehr wenige
10 **expeditus**: frei, unbehindert, bequem – **pacare** (*pax*): befrieden, unterwerfen
15 **vadum, -i**: seichte Stelle, Übergang – **vado transire** h.: durchwaten – **Genava**: Genf
20 **pertinere ad** h.: führen zu – Ⓚ Ordne: *existimabant sese vel Allobrogibus persuasuros ... vel ... coacturos* ⟨*esse*⟩
25 **profectio, -onis** (*proficisci*): Reise, Zug – **diem dicere, qua die**: einen Termin festsetzen, an dem
30 **a(nte) d(iem) quintum Kalendas Apriles**: 28. März – **L. Pisone A. Gabinio consulibus**: 58 v. Chr.

Aufgaben zur Interpretation
Welche Richtung konnten die Helvetier nur einschlagen? Warum?
Inwiefern hofften sie auf die Unterstützung der Allobroger?

Caesars Reaktion

7

Caesari cum id nuntiatum esset
eos per provinciam nostram iter facere conari,
maturat ab urbe proficisci
et quam maximis potest itineribus in Galliam ulteriorem contendit
5 et ad Genavam pervenit.
Provinciae toti quam maximum potest militum numerum imperat
– erat omnino in Gallia ulteriore legio una –,
pontem,
   qui erat ad Genavam,
10 iubet rescindi.

Die Rhône bei Genf

Ubi de eius adventu Helvetii certiores facti sunt,
legatos ad eum mittunt nobilissimos civitatis,
   qui dicerent
      sibi esse in animo sine ullo maleficio iter per provinciam facere,
15   propterea quod aliud iter haberent nullum:
   rogare,
      ut eius voluntate id sibi facere liceat.

---

maturare: sich beeilen – **ab urbe:** von der Hauptstadt (Rom, wo Caesar weilte) – **quam maximis potest itineribus:** in möglichst großen Eilmärschen
5 **quam maximum potest numerum:** eine möglichst große Zahl – **omnino** (Adv.): überhaupt, im Ganzen – **Gallia ulterior:** G. Narbonensis (↗ 1, 10)
10 **rescindere:** einreißen, abbrechen – **certiorem facere de alqa re:** benachrichtigen über etwas – **maleficium, -i:** böse Tat, Feindseligkeit
15 Ⓚ *rogare* (erg. *se*): Or. obl. abh. von *dicerent* (Z. 13) – **eius voluntate:** mit seiner Einwilligung

Aufgaben zur Interpretation

1. Welche Ausdrücke deuten an, dass Caesar auf die Gefahr an der Nordgrenze hektisch reagiert? Was befürchtet er? Wie versuchen die Helvetier Caesar zu beruhigen?
2. Was musste der Abbruch der Rhônebrücke für Caesar bedeuten (s. Bild)?

7 Caesar,
    quod memoria tenebat
20   Lucium Cassium consulem occisum exercitumque
        eius ab Helvetiis pulsum et sub iugum missum,
concedendum non putabat;
neque homines inimico animo
data facultate per provinciam itineris faciendi
25 temperaturos ab iniuria et maleficio existimabat.
    Tamen ut spatium intercedere posset,
        dum milites,
            quos imperaverat,
        convenirent,
30 legatis respondit
    diem se ad deliberandum sumpturum;
        si quid vellent,
    ad Id. April. reverterentur.

memoria tenere: in der Erinnerung festhalten, sich erinnern
20 **iugum, -i:** das Joch – **sub iugum mittere:** unters Joch schicken, durch das Joch (zum Zeichen der Unterwerfung) kriechen lassen – Ⓚ *inimico animo*: Abl. qual.
25 **temperare ab alqa re:** sich einer Sache enthalten; Ⓚ *temperaturos ⟨esse⟩* – **maleficium, i:** böse Tat, Feindseligkeit – **spatium intercedit:** Zeit verstreicht
30 **dies:** Termin, h.: *Idus Apriles*: 13. April – Ⓚ *reverterentur*: Or. obl. (Befehlsatz)

Unter dem Konsul L. Cassius ist 107 v. Chr. ein römisches Heer an der mittleren Garonne (*Garunna*) von den Tigurinern, einem Teilstamm der Helvetier, vernichtend geschlagen worden. Cassius verlor dabei das Leben. Diese Niederlage erwähnt Caesar auch später nochmals (Kap. 12 und Kap. 13). Er will auf diese Weise bei den Lesern Emotionen wecken und die Zustimmung für sein militärisches Engagement gewinnen.

Aufgaben zur Interpretation

1. Was macht die Erinnerung, die Caesar weckt, bei den Römern besonders bitter? In welches Licht werden so die Helvetier gerückt?
2. Was will Caesar auf jeden Fall verhindern? Welche Taktik verfolgt er?
3. Warum betrachten die Schweizer den Sieg ihrer Vorfahren (↗ Z. 18 f.) als geschichtliches Großereignis ihres Landes (vgl. dazu die Abbildung auf S. 23)?

Charles Gleyre: Die Römer unter dem Joch, 1853, Lausanne, Musée Cantonal
Römische Soldaten werden von den Helvetiern „unterjocht", d. h. unter dem
Joch zum Zeichen der Unterwerfung nach ihrer Niederlage durchgeführt.

Bau eines Befestigungswalls

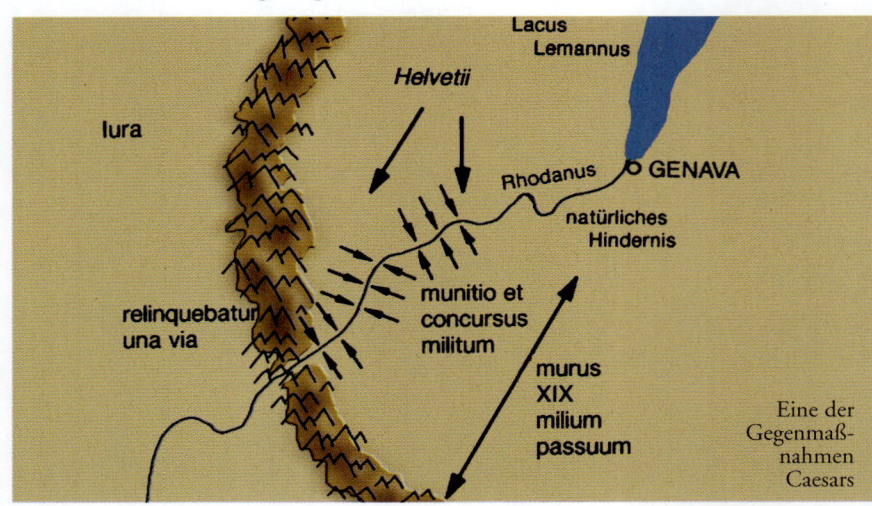
Eine der Gegenmaßnahmen Caesars

8 Inzwischen lässt Caesar vom Genfer See bis zum Jura einen Befestigungswall von 19 Meilen Länge und 15 Fuß Höhe errichten und stellt Wachtposten auf. Er hofft, auf diese Weise die Helvetier, falls sie gegen seinen Willen durch die römische Provinz ziehen wollten, leichter davon abhalten zu können. Den Gesandten der Helvetier, die sich wieder, um Caesars Entscheidung zu erfahren, eingefunden haben, teilt er seine Ablehnung mit und droht ihnen mit gewaltsamer Abwehr. Ein Durchbruchsversuch über die Rhône wird erfolglos abgebrochen.

Bedrohung römischer Bundesgenossen

9 Relinquebatur una per Sequanos via,
  qua Sequanis invitis propter angustias ire non poterant.
5 His cum sua sponte persuadere non possent,
legatos ad Dumnorigem Haeduum mittunt,
  ut eo deprecatore a Sequanis impetrarent.
10 Dumnorix gratia et largitione apud Sequanos plurimum poterat
et Helvetiis erat amicus
15   quod ex ea civitate Orgetorigis filiam
  in matrimonium duxerat,

Es blieb nur der Weg durch das Gebiet der Sequaner,
  wo sie gegen deren Willen wegen der Enge nicht ziehen konnten.
Als sie diese von sich aus nicht dazu überreden konnten,
schickten sie Gesandte zum Haeduer Dumnorix,
  um dies durch seine Fürsprache von den Sequanern zu erreichen.
Dumnorix hatte durch seine Beliebtheit und Großzügigkeit bei den Sequanern größten Einfluss
und war ein Freund der Helvetier,
  weil er sich aus diesem Stamm mit der Tochter
  des Orgetorix verheiratet hatte,

9

et cupiditate regni adductus	und von der Machtgier erfasst,
novis rebus studebat et quam	war er auf Umsturz aus und wollte
20 plurimas civitates suo beneficio	möglichst viele Stämme durch seine
habere obstrictas volebat.	Dienste sich verpflichtet wissen.
Itaque rem suscipit	Er nahm sich deshalb der Sache an
et a Sequanis impetrat,	und erreichte von den Sequanern,
ut per fines suos Helvetios ire	dass sie die Helvetier durch ihr
25 patiantur, obsidesque uti inter	Gebiet ziehen ließen,
se dent,	
perficit:	und setzte durch,
	dass sie gegenseitig Geiseln stellten:
Sequani ne itinere Helvetios	*Die Sequaner sollten die Helvetier*
prohibeant,	*nicht vom Durchzug abhalten,*
30 *Helvetii ut sine maleficio et*	*die Helvetier sollten ohne rechts-*
iniuria transeant.	*widrige Übergriffe durchziehen.*

Dumnorix war ein adeliger Haeduer; er war der Bruder des Diviciacus, der seinen Stamm mit Rom in ein Freundschaftsverhältnis gebracht hat und deshalb ein gutes Verhältnis zu Caesar hatte. Dumnorix dagegen war ein Romhasser.

Warum will Caesar den Durchzug der Helvetier durch die römische Provinz verhindern, und was veranlasst Dumnorix, für die Helvetier bei den Sequanern zu vermitteln? Welche Ziele verfolgt er dabei?

Soldaten einer Legion,
Illustration aus einer
Caesar-Ausgabe von 1889

Gallien nach dem alexandrinischen Geografen, Mathematiker und Astronomen Ptolemaeus: Originalkarte aus dem 2. Jh. n. Chr.

Versuchen Sie, auf dieser Karte die *angustiae et fines Sequanorum* festzustellen, von denen Caesar in Kap. 11 spricht.

10 Caesar erhielt die Nachricht, dass die Helvetier durch das Gebiet der Sequaner und Haeduer in das der Santonen, unweit der bereits innerhalb der Provinz wohnenden Tolosaten ziehen wollten. Er erkannte darin höchste Gefahr für das ihm anvertraute Gebiet, falls die äußerst kriegerischen Helvetier in Provinznähe siedelten.

0 Deshalb traf er schleunigst Gegenmaßnahmen; vor allem hob er in Oberitalien zwei Legionen aus, fügte sie den in Aquileia überwinternden drei Legionen hinzu, zog mit diesen durch die Alpen nach Gallien und gelangte trotz Widerstands am siebten Tag in das jenseitige Gallien, und jenseits der Rhône, also außerhalb der Provinz.

Bitte um Schutz vor den Helvetiern

1 Helvetii iam per angustias et fines Sequanorum suas copias
traduxerant et iam in Haeduorum fines pervenerant eorumque
agros populabantur.
Haedui,
5   cum se suaque ab iis defendere non possent,
legatos ad Caesarem mittunt rogatum auxilium:
   Ita se omni tempore de populo Romano meritos esse,
   ut paene in conspectu exercitus nostri
   sui agri vastari, liberi in servitutem abduci,
10   *oppida expugnari non debuerint.*
Eodem tempore Ambarri, necessarii et consanguinei Haeduorum
Caesarem certiorem faciunt
   se depopulatis agris non facile ab oppidis vim hostium prohibere.

populari: verwüsten, plündern
5 **suum, -i:** (Pl.: *sua, suorum*): sein/ihr Hab und Gut – **mittere rogatum** (Sup. fin.): schicken, um zu erbitten – Ⓚ *Ita ... debuerint*: Or. obl. abh. von *rogatum* – **mereri** (*meritus sum*) **de alqa re:** sich verdient machen um etwas – **in conspectu alcs:** vor jds. Augen, im Angesicht von jdm.
10 **non debuerint:** dass nicht ... gedurft hätten / dass man nicht hätte ... lassen dürfen – **Ambarri, -orum:** keltisches Volk am unteren Arar (heute Saône) – **necessarius:** notwendig, wichtig, dringend, h.: befreundet – **consanguineus:** blutsverwandt – **certiorem facere:** benachrichtigen – **depopulari:** verwüsten; – Ⓚ *depopulatis*, h.: pass.

Welche in Kap. 11 beschriebene Situation ist ins Bild gebracht? Nennen Sie die dafür zuständigen lateinischen Wörter und Wendungen.

11   Item Allobroges,
15   qui trans Rhodanum vicos possessionesque habebant,
   fuga se ad Caesarem recipiunt et demonstrant
      sibi praeter agri solum nihil esse reliqui.
   Quibus rebus adductus Caesar non expectandum sibi statuit,
      dum omnibus fortunis sociorum consumptis
20   in Santones Helvetii pervenirent.

15 **possessio, -onis** (*possidere*): Besitz – **solum, -i:** Boden – **nihil reliqui** (Gen. part.) **est:** es bleibt nicht übrig – Ⓚ *non exspectandum <esse>* – **dum:** bis – **fortunae, -arum:** Glücksgüter, Besitz, Hab und Gut – **socii** (ein polit. Fachbegriff): Bundesgenossen (Sie standen mit Rom in einem Freundschaftsverhältnis, das gegenseitige Unterstützung bedingte ↗ S. 32.)
20 **Santones:** Santonen (ein Stamm im Westen Galliens am Atlantik)

Aufgaben zur Interpretation

1. Welches Unrecht fügten die Helvetier den Haeduern zu?
2. Wodurch sieht Caesar sich veranlasst, auf das Gesuch der Haeduer einzugehen?
3. Wodurch rechtfertigt Caesar, dass er sich auf diese Auseinandersetzung mit den Helvetiern einlässt?

Beseitigung der Gefahr auf dem Verhandlungswege?

12   Die Helvetier waren gerade dabei, im Gebiet der Haeduer den Fluss Arar (Saône) zu überqueren, als Caesar – dem Hilfsgesuch der Haeduer entsprechend – auf sie stieß und den noch diesseits des Flusses befindlichen Teil der Helvetier vernichtete.

   Is pagus appellabatur Tigurinus;
   nam omnis civitas Helvetia in quattuor pagos divisa est.
   Hic pagus unus, cum domo exisset, patrum nostrorum memoria
   L. Cassium consulem interfecerat et eius exercitum sub iugum miserat.
5 Ita sive casu sive consilio deorum immortalium,
      quae pars civitatis Helvetiae insignem calamitatem populo
         Romano intulerat
   ea princeps poenas solvit.

pagus: Gau, Stammesteil – **Helvetius:** helvetisch, Helvetier- – **patrum ... memoriā** (Abl. temp.): zur Zeit der Vorfahren – **sub iugum mittere:** unters Joch schicken ↗ S. 23
5 Ⓚ Ordne: *ea pars c. H., quae ...* – **insignis, -e** (*signum*): bemerkenswert, h. empfindlich – **calamitatem inferre:** ein Unglück zufügen, eine Niederlage beibringen – Ⓚ *princeps*: prädikativ (als Erster)

Aufgaben zur Interpretation

1. Warum wird die Niederlage der Römer hier nochmals erwähnt? (vgl. Kap. 7, S. 14ff.)
2. Was möchte Caesar damit ausdrücken, wenn er sagt, dass die Bestrafung der Tiguriner womöglich auf ein *consilium deorum* zurückzuführen sei?
3. Wo geschah die Vernichtung der Tiguriner? Was bedeutet dies für den Statthalter Roms?

Verhandlung zwischen Divico und Caesar

Caesar ließ nach dieser Schlacht, um die restlichen Helvetier verfolgen zu können, eine Brücke über den Arar schlagen und setzte sein Heer über. Die Helvetier, von Caesars Leistungskraft und vor allem von seiner Schnelligkeit beeindruckt, wollten daraufhin mit Caesar verhandeln. Die Gesandtschaft führt Divico an.

Is ita cum Caesare egit:
   Si pacem populus Romanus cum Helvetiis faceret,
in eam partem ituros atque ibi futuros Helvetios,
   ubi eos Caesar constituisset atque esse voluisset;
5   *sin bello persequi perseveraret,*
reminisceretur et veteris incommodi populi Romani et pristinae virtutis Helvetiorum.
   Quod improviso unum pagum adortus fudisset,
     cum ii,
10   *qui flumen transissent,*
     suis auxilium ferre non possent,
ne ob eam rem aut suae magnopere virtuti tribueret aut ipsos despiceret.
Se ita a patribus maioribusque suis didicisse,
   ut magis virtute contenderent,
15   *quam dolo aut insidiis niterentur.*
Quare ne committeret,
   ut is locus,
     ubi constitissent,
ex calamitate et internecione exercitus nomen caperet
20   *aut memoriam proderet.*

constituere: ansiedeln
5 **sin:** wenn aber – **perseverare** (m. Inf.): fortfahren (zu), beharren auf – **bello persequi:** Krieg führen – **reminisci alcs rei:** sich erinnern an etwas, sich etwas vergegenwärtigen – **vetus, veteris:** alt, ehemalig – **incommodum, -i:** Nachteil, Schaden, Niederlage – **pristinus:** alt, früher – **quod** h.: wenn – **improviso** (Adv.): unvermutet – **pagus:** Gau, Stammesteil – **adoriri (adorior, adortus sum):** angreifen, überfallen – **fundere** h.: vernichtend schlagen
10 Ⓚ *suae*: Bez. auf Subjekt des gleichen Satzes (*Caesar*/*populus Romanus*) – Ⓚ *ipsos*: Bez. auf Subjekt des übergeordneten Satzes (*Divico*/*Haedui*)
15 **committere, ut:** es so weit kommen lassen, dass – **consistere** h.: sich zum Kampf aufstellen – **internecio, -onis:** Vernichtung – **nomen capere ex alqa re:** einen Namen von etwas erhalten
20 **memoriam prodere:** der Nachwelt eine Erinnerung überliefern, in die Geschichte eingehen

Aufgaben zur Interpretation

1. Welche Charaktereigenschaften lässt Caesar an den Helvetiern erkennen? Welches Bild will er dem Leser in Rom vermitteln?
2. Wenn Divico unmittelbar auf sein Friedensangebot hin massive Drohungen gegen die Römer vorbringt, welche Einstellung dem „römischen Frieden" (*pax Romana*) gegenüber muss er dann haben?
3. Was ist von dieser Haltung den Schweizern geblieben, die sich als Nachfahren der Helvetier verstehen? Ziehen Sie dazu die unten stehende Karikatur heran.

„Die Nazi-Friedenstaube", schweizerische Karikatur von 1942

14

His Caesar ita respondit:
Eo sibi minus dubitationis dari,
    quod eas res,
        quas legati Helvetii commemoravissent,
5   *memoria teneret,*
atque eo gravius ferre,
    quo minus merito populi Romani accidissent;
    qui si alicuius iniuriae sibi conscius fuisset,
non fuisse difficile cavere; sed eo deceptum,
10   *quod neque commissum a se intellegeret,*
    quare timeret,
      neque sine causa timendum putaret.

eo minus ... quod: umso weniger ... als – **dubitatio, -onis** (*dubitare*): Zweifel; ⓚ *dubitationis*: Gen. part. zu *minus*
5 **eo gravius (ferre) ... quo minus**: umso schwerer (daran tragen), je weniger ... – **merito alcs**: durch jds. Schuld/Verdienst – **accidere (accidit)**: sich ereignen, geschehen – **sibi conscius esse alcs rei**: sich einer Sache bewusst sein – **si aliqua res**: wenn überhaupt eine Sache
5/10 ⓚ *non fuisse difficile*: es wäre nicht schwierig gewesen – **decipere (decepi, deceptum)**: täuschen; ⓚ *sed <populum Romanum> eo deceptum <esse>, quod neque <quicquam> commissum <esse> ... neque ... timendum <esse>*

4 Caesar sieht alles Unrecht aufseiten der Helvetier; die „unsterblichen Götter" würden sie dafür spät, aber doch hart bestrafen. Trotzdem ist er bereit, mit ihnen Frieden zu schließen unter der Bedingung, dass sie Geiseln stellen und den Haeduern und Allobrogern den zugefügten Schaden ersetzen.

Divico respondit:
Ita Helvetios a maioribus suis
15 *institutos esse,*
   uti obsides accipere, non dare
   consueverint.
Eius rei populum Romanum esse
testem.
20 Hoc responso dato discessit.

15 **instituere:** einrichten, unterrichten, erziehen – **obsides, -um:** Geiseln
testis, testis: Zeuge

Die Helvetier, ein gallischer Stamm, der schon in Kap. 1 als der tapferste bezeichnet wird, plante, die Herrschaft über ganz Gallien an sich zu reißen; er war entschlossen, dieses Vorhaben mit allen Mitteln durchzusetzen. In der Überzeugung, ein Recht auf die Führung in Gallien zu haben, treten die Helvetier selbstbewusst und ohne Zurückhaltung auf.

AUFGABEN ZUR INTERPRETATION

1. Worüber zeigt sich Caesar verärgert und was wirft er den Helvetiern vor? Was lehnt er hinsichtlich der früheren Auseinandersetzung mit den Helvetiern für Rom ab?
2. Was mag Caesar bewogen haben, den Helvetiern ein Friedensangebot zu machen, obwohl er kurz zuvor ein solches zurückgewiesen hatte? Berücksichtigen Sie, dass Caesar seine Aktionen vor dem Senat in Rom zu rechtfertigen hatte.
3. Welcher lateinische Satz ist in der Illustration umgesetzt? Welche Haltung Divicos soll dabei sichtbar werden?

Bedrängte Situation

5 Nach den erfolglosen Verhandlungen brechen die Heere der Helvetier und Römer auf; es kommt zu ersten Kampfhandlungen – mit geringen Erfolgen für die Helvetier. Caesar selbst hielt sich aber noch vom Einsatz der Hauptmacht seiner Truppen zurück.

16

Caesar war, da die kalte Jahreszeit herrschte, in der Verpflegung seines Heeres auf die Unterstützung der Haeduer angewiesen. Diese hatten die Lieferung von Getreide versprochen; sie zögerten aber den Abtransport von Tag zu Tag hinaus. Als sich Caesar in bedrängter Situation sah, ließ er die in seinem Heer anwesenden Führer der Haeduer, vor allem Diviciacus und Liscus, zu sich rufen und machte ihnen schwere Vorwürfe ob dieser Versäumnisse, zumal er doch auf die Bitten größtenteils der Haeduer hin die Auseinandersetzung mit den Helvetiern sich und seinen Truppen zugemutet habe.

Inwiefern war Caesar zu Recht verärgert über das Verhalten der Haeduer? Welchen Verdacht musste er haben?

> Zwischen den Römern und ihren Bundesgenossen bestand ein völkerrechtlich geregeltes Verhältnis; man nannte dies ein *amicitia*-Verhältnis. Dieses garantierte den *socii* den Schutz (*fides*) und die Verteidigung (*defendere*) gegen innere und äußere Anfeindungen, verpflichtete diese aber auch zu Gegenleistungen (*officia*), u.a. zur Unterstützung durch Truppen im Kriegsfalle. Auch die Bereitstellung von Getreide zur Verpflegung der römischen Soldaten, besonders in den Wintermonaten, gehörte zu diesen Pflichten. Dadurch wurde ein durch Vertrag (Pakt) geregelter Zustand von Ruhe und Sicherheit hergestellt: *pax* (Friede), *pacare* (befrieden).

Das *amicitia*-Verhältnis im Imperium Romanum

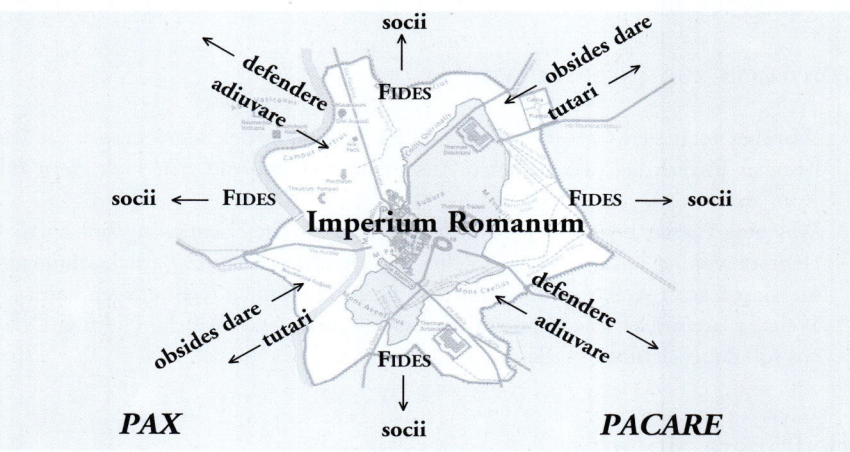

Inwiefern kann Cicero aufgrund der Bedingungen dieses *amicitia*-Verhältnisses behaupten: *Noster autem populus sociis defendendis terrarum ... omnium potitus est.* – „Unser Volk aber ist durch Verteidigung der Bundesgenossen zur Weltherrschaft gelangt." (*De re publ. III 23, 15*)?

Gefangene Gallier, Reliefgruppe vom Triumphbogen in Carpentras, Südfrankreich

Die Unzuverlässigkeit bei den Haeduern

17 Tum demum Liscus
oratione Caesaris adductus,
quod antea tacuerat, proponit.

Esse nonnullos,
5   *quorum auctoritas apud plebem*
  plurimum valeat,
  qui privatim plus possint
  quam ipsi magistratus.
Hos seditiosa atque improba
10 *oratione multitudinem deterrere,*
  ne frumentum conferant,
    quod debeant:
praestare,
  si iam principatum Galliae
15   *obtinere non possint,*
  Gallorum quam Romanorum
  imperia perferre.
Neque dubitari debere,
  quin,
20   *si Helvetios superaverint,*
  Romani una cum reliqua Gallia
  Haeduis libertatem sint erepturi.

Ab isdem nostra consilia,
  quaeque in castris gerantur,
25 *hostibus enuntiari;*
  hos a se coerceri non posse.

Quin etiam,
  quod necessariam rem coactus
  Caesari enuntiarit,
30 *intellegere sese,*
  quanto id cum periculo fecerit,

et ob eam causam,
  quamdiu potuerit,
tacuisse.

Da erst brachte Liscus,
von Caesars Rede veranlasst,
das vor, was er vorher verschwiegen hatte.

Es gebe einige Männer,
  deren Einfluss beim Volk
  sehr stark sei,
  die als Privatleute mehr zu sagen hätten
  als selbst die Beamten.
Diese schreckten mit aufrührerischer
und böswilliger Rede die Menge davon ab,
  das Getreide zu liefern,
    zu dessen Lieferung sie verpflichtet seien:
Es sei besser,
  wenn sie schon die Führung über
    Gallien nicht behaupten könnten,
  die Herrschaft von Galliern als
  die der Römer zu ertragen.
Und man dürfte nicht bezweifeln,
  dass,
    wenn sie die Helvetier besiegt hätten,
  die Römer zusammen mit ganz
  Gallien den Haeduern die Freiheit
  rauben würden.

Von diesen würden unsere Pläne
  und, was im Lager geschieht,
den Feinden verraten;
  sie könnten von ihm nicht in Schach gehalten werden.
Ja sogar,
  wenn er die wichtige Sache notgedrungen Caesar mitgeteilt habe,
so sei er sich bewusst,
  unter welch großer Gefahr er das
  getan habe,
und aus diesem Grund habe er,
  solange er konnte,
geschwiegen.

Aufgaben zur Interpretation

1. Von welchen inneren Vorgängen bei den Haeduern lässt Caesar durch Liscus seine Leser Kenntnis bekommen? Nennen Sie dafür die lateinischen Begriffe.
2. Was befürchten die Haeduer bei einem Sieg der Römer über die Helvetier? Wie lautet der zentrale lateinische Begriff?
3. Welche Wirkung will Caesar dadurch erzielen, dass er die Vorgänge von den Haeduern nicht selbst erzählt, sondern Liscus die römische Sicht der Dinge in den Mund legt? Suchen Sie lateinische Wörter, die aufzeigen, dass Liscus Caesars Sprachrohr ist. In welche Richtung gehen die Aussagen?

„Wochenlang ist Caesar den Helvetiern nachgezogen, immer in Fühlung mit ihnen, täglich in leichte Scharmützel mit ihnen verwickelt, aber stets ohne die Möglichkeit, sie auf günstigem Terrain zum Kampf zu zwingen ... Dazu traten Verpflegungsschwierigkeiten: solange der Marsch längs der Flussläufe ging, konnten die Vorräte auf Schleppern nachgeschafft werden; aber die Helvetier haben den Fluss verlassen und Caesar muss ihnen folgen. Die Haeduer aber, die Roms Hilfe ins Land riefen, stehen ihr, nun da sie da sind, merkwürdig kühl und fremd gegenüber. Die versprochenen Getreidetransporte bleiben aus, Caesars Drängen begegnet verlegenen Entschuldigungen, verlogenen Ausflüchten: eine Hand scheint am Werk, die all seine Anordnungen geheim durchkreuzt. Bald lernt er diese Hand kennen: Sie gehört Dumnorix, dem Bruder des Diviciacus, einem reichen jungen Herrn aus dem Stamm der Haeduer ..."

Mirko Jelusich, Caesar (1929)

4. Welche Fakten hat der Roman-Autor aus Caesars Werk entnommen?
5. Was ist an der Darstellungsweise des Romans anders als bei Caesars Bericht?

Gefahr durch Dumnorix

18 Caesar begriff, dass damit in erster Linie Dumnorix, der Bruder des Diviciacus, gemeint sei. Er entließ die Versammlung, behielt nur den Liscus zurück und erfuhr von ihm noch weitere Geheimpläne. Von anderen erhielt er dies bestätigt. Dumnorix sei ein äußerst vermögens- und einflussreicher Haeduer, der stets eine Reiterschar als Leibgarde bei sich habe. Er genieße auch großes Ansehen bei anderen gallischen Stämmen, sei durch seine Heirat sogar mit den Helvetiern eine enge Beziehung eingegangen. Die Römer und Caesar hasse er über alles, vor allem weil von ihnen sein ungeliebter Bruder Diviciacus wieder in seine alte Machtstellung eingesetzt worden sei. Wenn den Römern ein Schlag versetzt werden würde, könne er, so seine Hoffnung, durch die Hilfe der Helvetier zur Herrschaft kommen. Deshalb sympathisiere er als Haeduer mit den Helvetiern, den Feinden der Römer.

19 Als Caesar noch dazu erfuhr, dass Dumnorix die Helvetier ohne Auftrag und ohne Wissen der Haeduer, also gegen ihre Interessen aus eigenem Machtstreben, durch das Gebiet der Sequaner geführt habe, glaubte er, gegen ihn eingreifen zu müssen. Er wollte dabei allerdings auf seine enge Freundschaft zu Diviciacus Rücksicht nehmen, ließ diesen deshalb zu sich kommen und offenbarte ihm das üble Verhalten und die Geheimpläne seines Bruders. Seine Bestrafung stellte er als notwendig hin.

Diviciacus' Einsatz für seinen Bruder

20 Diviciacus multis cum lacrimis Caesarem complexus obsecrare coepit,
    ne quid gravius in fratrem statueret:
Scire se illa esse vera neque quemquam ex eo plus quam se doloris capere,
    propterea quod,
5   *cum ipse gratia plurimum domi atque in reliqua Gallia,*
        ille minimum propter adulescentiam posset,
    per se crevisset,
        quibus opibus ac nervis non solum ad minuendam
        gratiam, sed paene ad perniciem suam uteretur.

---

obsecrare: beschwören, inständig anflehen – Ⓚ *Scire ... averterentur*: Or. obl. – **plus doloris capere ex alqa re:** schmerzlicher berührt sein von etwas, verbitterter sein über etwas
5 **plurimum / minimum posse:** sehr großen / sehr geringen Einfluss haben – **crescere** h.: groß / angesehen werden – Ⓚ Ordne: *crevisset ad opes ac nervos, quibus ...* – **nervus:** Sehne (als Sitz der Kraft), Macht, Stärke, Kraft

20

10 *Sese tamen et amore fraterno et existimatione vulgi commoveri.*
   Quodsi quid ei a Caesare gravius accidisset,
      cum ipse eum locum amicitiae apud eum teneret,
   neminem existimaturum non sua voluntate factum.
   Qua ex re futurum, uti totius Galliae animi a se averterentur.

15 Haec cum pluribus verbis flens a Caesare peteret,
   Caesar eius dextram prendit;
   consolatus rogat,
      finem orandi faciat;
   tanti eius apud se gratiam esse ostendit,
20   uti et rei publicae iniuriam et suum dolorem
      eius voluntati ac precibus condonet.
   Dumnorigem ad se vocat, fratrem adhibet;
      quae in eo reprehendat,
   ostendit;
25   quae ipse intellegat,
      quae civitas queratur,
   proponit;
   monet,
      ut in reliquum tempus omnes suspiciones vitet;
30 praeterita se Diviciaco fratri condonare dicit.
   Dumnorigi custodes ponit,
      ut,
         quae agat,
         quibuscum loquatur,
35   scire possit.

Keltische Silbermünze, wahrscheinlich eine Abbildung des Haeduerführers Dumnorix, geprägt zwischen 58 und 52 v. Chr.

10 **existimatio vulgi**: öffentliche Meinung (innerhalb des haeduischen Stammes) – **quodsi**: wenn nun, wenn aber – Ⓚ *<id> non sua voluntate factum <esse>* – Ⓚ *futurum <esse>, uti ... averterentur*: Umschreibung für fehlenden Inf. Fut. Pass. – **uti** ~ ut
15 **prendere** (*prehendere*): nehmen, ergreifen – **consolari**: gut zureden, trösten – Ⓚ *rogat <ut> ... faciat*: er bittet, zu machen (Aufforderungssätze stehen auch ohne ut) – **tanti** (Gen. pret.) **esse**: so viel wert sein, gelten
20 Ⓚ *rei publicae*: Gen. obj. – **condonare alqd** (*precibus*): etwas verzeihen (wegen der Bitten) – **adhibere**: hinzuziehen
25 **vitare**: vermeiden, unterlassen
30 **alci custodes ponere**: jdn. bewachen lassen

Aufgaben zur Interpretation

1. Die Charakterisierung der Handlungsweise des Dumnorix weist Methoden politischer Einflussnahme auf, die auch in Rom verbreitet waren. Nennen Sie diese. Lassen sich aus Caesars Leben Eigenschaften und Aktionen nennen, die er an Dumnorix tadelt? Inwiefern bewertet Caesar Dumnorix dennoch negativ?
2. Wie reagiert Caesar auf die römerfeindliche Haltung des Dumnorix? Welche Motive lassen sich für dieses Verhalten Caesars anführen? (Kap. 20)

Caesars Truppen in Schwierigkeiten

21–24 Die ersten Vorgänge, die auf einen Entscheidungskampf hinausliefen, vollzogen sich. Die Helvetier setzten sich auf einem Berg fest. Caesar schickte seinen Proprätor Titus Labienus aus, damit er den Berg von oben aus besetzte; er selbst rückte mit dem Gros der Truppen nach, um die Feinde von unten anzugreifen. Caesars Taktik einer Zangenbewegung ging allerdings nicht auf, da die Helvetier abgerückt waren. Die Truppen brauchten aber dringend Nachschub an Proviant; deshalb brach Caesar nach Bibracte auf, der reichsten Stadt der Haeduer. Die Helvetier folgten ihm und griffen seine Nachhut an.

Die Schlacht von Bibracte

25 Caesar stellte sich in der Nähe von Bibracte auf einer Anhöhe zum Kampf. Er feuerte seine Leute an. Die römischen Soldaten stürzten von oben auf die anrückenden Helvetier und durchbrachen deren Angriffsfront. Als diese gesprengt war, gingen sie mit gezückten Schwertern vor.

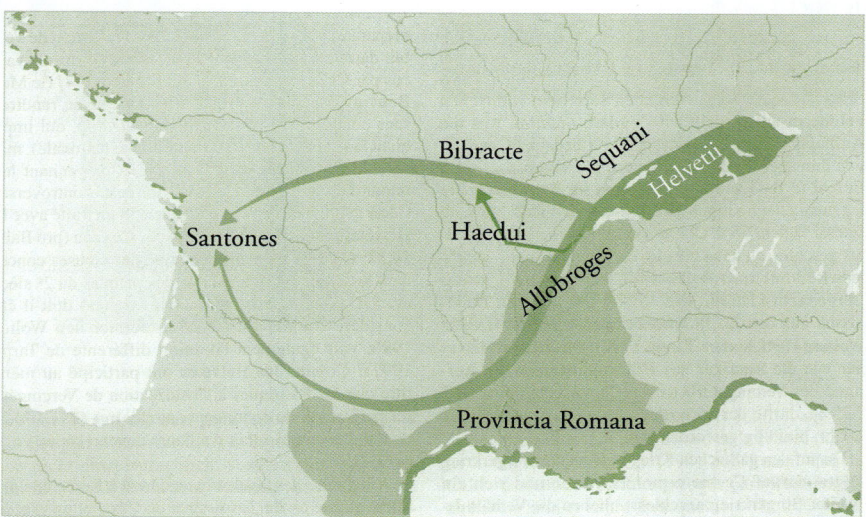

Die Karte zeigt die möglichen Auswanderungswege der Helvetier: den südlichen, von Caesar untersagten, und den nördlichen, auf dem es nun bei Bibracte zur Entscheidungsschlacht kommt. Caesar kämpft also außerhalb der *provincia Romana*, im Gebiet befreundeter Bundesgenossen für deren Sicherheit. Nach erfolgreichem Einsatz müsste er sich wieder hinter die Grenzen des römischen Reiches zurückziehen.

Wird er dies tun? Welche Gründe könnten ihn veranlassen, im nichtrömischen Gallien zu bleiben?

Ein barhäuptiger Gallier verteidigt seine Rundhütte gegen einen römischen Legionär, Relief vom Trajansforum in Rom, 1. Jh. n. Chr.

„Das Geschehen in diesem Teil der Welt (d.h. in Gallien) brauchte die Römer also in der Regel nicht zu interessieren, auch wenn die Gallier sie zuweilen in ihre Angelegenheiten hineinzuziehen suchten. Rom unterhielt allerdings zahlreiche Freundschaftsverhältnisse zu gallischen Stämmen, Beziehungen auch zu prominenten Adligen in ihnen. Besonders enge Freundschaft – und, nach der gallischen Formulierung, Blutsbrüderschaft – verband Rom mit den Haeduern, die eine gewisse Vormachtstellung unter den Stämmen in den der Provinz angrenzenden Teilen und darüber hinaus besaßen ... Von Seiten des Senats lag folgender Auftrag an Caesar vor: ‚Dem Statthalter der Transalpina wird aufgegeben, die Haeduer und die anderen Freunde des römischen Volkes zu schützen, soweit es ohne Nachteil für die Republik möglich ist'. Damit konnte er alles oder nichts machen."

Christian Meier, Caesar, S. 292 f.

Inwiefern wurde Caesar durch die Helvetier in die gallischen Angelegenheiten hineingezogen? Woraus entnahm er die Berechtigung für sein Vorgehen? Wie hat er den Senatsauftrag bewertet?

Gallis magno ad pugnam erat impedimento,
  quod
    pluribus eorum scutis uno ictu pilorum transfixis et colligatis,
      cum ferrum se inflexisset,
5   neque evellere neque sinistra impedita satis commode pugnare poterant,
      multi ut diu iactato bracchio praeoptarent
        scutum manu emittere et nudo corpore pugnare.
Tandem vulneribus defessi et pedem referre et,
  quod mons suberat circiter mille passuum,
10 eo se recipere coeperunt.

magno ... impedimento (Dat. fin.) **esse**: sehr hinderlich sein – **quod** (fakt.): (der Umstand,) dass ... – **scutum, i**: Schild (Sie lagen schuppenförmig übereinander.) – **pilum, i**: Wurfspieß; erste Angriffswaffe des römischen Soldaten, bevor er zum Kampf mit dem Schwert überging, mit einer ebenso langen Eisenspitze, die tief in den Schaft eingelassen war, sodass die Gesamtlänge ca. 2 m betrug. Damit der Gegner ein *pilum*, das seinen Schild getroffen hatte, nicht einfach herausziehen und sogar zum Gegenwurf verwenden konnte, hatte Caesar die Spitze härten, den Rest des Eisenteils aber aus weichem Metall fertigen lassen, wodurch sich das Geschoss unter dem Gewicht des Holzschaftes beim Aufprall verbog. – **transfigere**: durchbohren – **colligare** h.: zusammenheften – **se inflectere**: sich umbiegen
5 **evellere**: herausreißen; als Obj. ist *pilum* zu denken – Ⓚ **sinistra** <*manu*> **impedita**: Abl. abs. in kausaler Bed. – Ⓚ **multi ut**: Subj. des GS ist betont vor die Konjunktion gestellt – **iactare** h.: schütteln – **bracchium, -i**: Arm – **praeoptare**: vorziehen, lieber wollen – **manu emittere**: aus der Hand entsenden, fallen lassen – **nudus** h.: ungeschützt (vom Schild) – **defessus**: erschöpft – **pedem referre**: zurückweichen – **subesse**: in der Nähe sein

Capto monte et succedentibus nostris
Boi et Tulingi,
    qui hominum milibus circiter XV
    agmen hostium claudebant
15   et novissimis praesidio erant,
ex itinere nostros ab latere aperto adgressi
circumvenire.
Id conspicati Helvetii,
    qui in montem se receperant,
20 rursus instare et proelium redintegrare coeperunt.
Romani conversa signa bipertito intulerunt,
prima et secunda acies,
    ut victis ac submotis resisteret,
tertia,
25   ut venientes sustineret.

Ⓚ *capto ... nostris*: Abl. abs. mit jeweils verschiedenem Handlungsträger: Helvetier – römische Legionäre – **XV:** quindecim

15 **novissimi:** die Letzten, das Zugende (Frauen und Kinder) – **ex itinere:** aus dem Marsch heraus (d. h. ohne weitere Vorbereitungen und Aufstellungen) – **latus apertum:** die zum Kämpfen freie rechte Seite, während die linke durch den Schild gedeckt wird – Ⓚ **circumvenire:** hist. Infinitiv – **conspicari** - *conspicere*

20 **instare** h.: andrängen, Widerstand leisten – **redintegrare:** wiederaufnehmen, erneuern – **signa convertere:** eine Schwenkung machen – **signa inferre:** (die Zeichen vorantragen) angreifen – **conversa signa inferre:** nach zwei Seiten gegen den Feind vordringen (Die Legionen vereinigen sich so, dass sich die eine hinter die andere stellt, Rücken an Rücken, und sie so nach vorne und nach hinten Kampfstellung gegen die Feinde einnehmen.) – **bipertito** (Adv.): zweigeteilt, in zwei Richtungen – **submovere:** zurückdrängen

25 **sustinere:** standhalten, Einhalt gebieten

Aufgaben zur Interpretation

1. Woran zeigt sich die militärische Überlegenheit der Römer?
2. Fertigen Sie eine Skizze der Aufstellung des Kampfes, wie er am Ende von Kap. 25 geschildert wird, an. Gehen Sie dabei von folgender Darstellung der eigentlichen Schlachtordnung der Römer aus und verändern Sie diese den Angaben des Textes entsprechend.

> Die Schlachtordnung der Römer war folgendermaßen angelegt: Von den zehn Kohorten einer Legion (insgesamt 3600 Soldaten) bildeten vier das sogenannte erste Treffen; die drei Kohorten des zweiten Treffens rückten in die Lücken des ersten ein und kämpften von Anfang an mit. Die drei Kohorten der dritten Reihe dienten als Reserve.

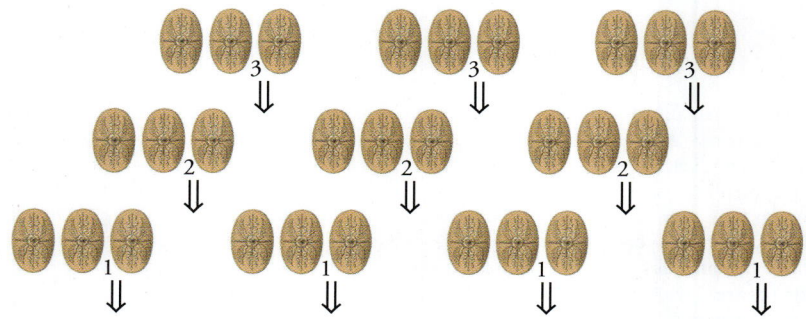

Gegner

Dieses Relief von einer Gedenksäule für den Kaiser Antonius Pius (138 - 161 n. Chr.) stellt Soldaten in voller Rüstung dar. Sie tragen die *signa*, Stangen mit einem Tierzeichen. Diese Zeichen galten als heilig und wurden beim Angriff an der Spitze der einzelnen Abteilungen getragen, was kampfermunternd wirkte. Ihr Stand kennzeichnete jede Bewegung des Heeres.

Lange Zeit stand der Kampf darauf hin auf Messers Schneide. Doch bald konnten die Helvetier dem Druck der römischen Truppen nicht mehr standhalten. Sie zogen sich zurück in ihre Wagenburgen. Dort wurde bis tief in die Nacht hinein gekämpft. Es gab viele Verluste. Von den Helvetiern überlebten diese Schlacht ca. 130 000 Mann. Diese flohen in Richtung der Lingonen. Da Caesars Truppen zuerst die Verwundeten versorgen und die Toten begraben mussten, konnten sie nicht gleich folgen. Deshalb schickte er die Nachricht an die Lingonen voraus, sie sollten weder durch Getreide noch durch sonst etwas die Helvetier unterstützen. Ansonsten würde er sie wie Helvetier behandeln. Er selbst rückte nach drei Tagen nach.

Reiterstatue eines kämpfenden Kriegers, Kopie eines
Originals aus dem 2. Jh. v. Chr., Neapel, Nationalmuseum

Kampfaufstellung bei Bibracte

Es wurde in der Nähe von Bibracte gekämpft; der Ort konnte bei Mormont, 27 km von Bibracte entfernt, archäologisch nachgewiesen werden. Zu Beginn des Kampfes war die Aufstellung folgendermaßen:

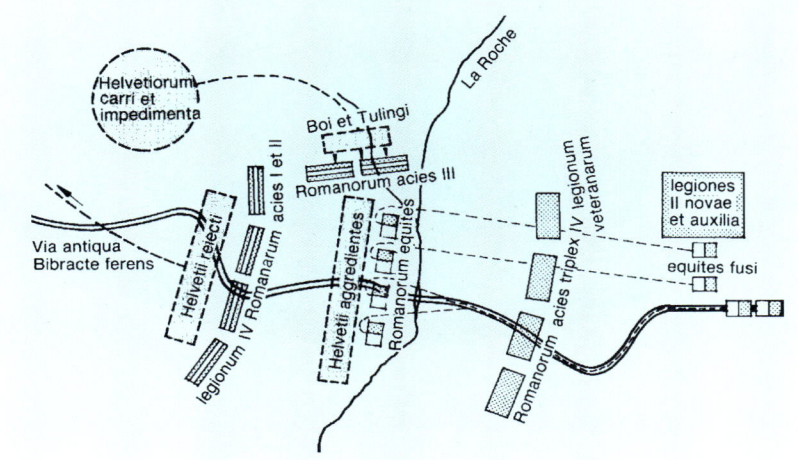

Die Kapitulation

27 Die Helvetier schickten – in ihrer totalen Bedrängnis – Gesandte zu Caesar, die über die Bedingungen der Kapitulation verhandeln sollten. Sie warfen sich ihm zu Füßen und baten unterwürfig und unter Tränen um Frieden. Caesar gebot ihnen, dort zu bleiben, wo sie gerade waren. Man gehorchte. Als Caesar bei ihnen eintraf, forderte er die Stellung von Geiseln, die Ablieferung der Waffen und die Herausgabe der zu ihnen übergelaufenen Sklaven. Während man diesen Forderungen nachkam, verließen nach Verlauf einer Nacht die Helvetier des Gaus Verbigenus aus Furcht vor Strafe oder in der Hoffnung auf Rettung den Ort und eilten in Richtung auf den Rhein, also auf das Gebiet der Germanen zu.

Caesar empfängt die Abgesandten der Helvetier,
Darstellung auf einem florentinischen Prunktablett, 17. Jh.,
Florenz, Museo Nazionale del Bargello

Sterbender Gallier; Rom, Kapitolinisches Museum. Diese griechische Darstellung eines kleinasiatischen Galaters vom Ende des 3. Jhs. v. Chr. zeigt einen unverkennbar keltischen Gesichtstyp, wie er auch in Europa zu finden war. Um den Hals trägt dieser Mann einen Torques, der als Schmuck wie auch als Würdezeichen diente. Solche Torques wurden auch um Arme und Beine getragen. Frisur und Barttracht stimmen mit der Beschreibung des griechischen Historikers Diodor (um 30 v. Chr.) überein: „Ihre Haare sind nicht nur von Natur aus blond, sondern sie bemühen sich auch, diese natürliche Farbbesonderheit noch zu erhöhen. Sie reiben ihr Haar ständig mit in Wasser gelöstem Kalk ein; dabei streichen sie es von der Stirne zurück zum Scheitel und zum Nacken, sodass sie wie Satyrn und Pane aussehen. Denn durch diese Behandlung wird ihr Haar so fest und steif, dass es sich gar nicht von einer Pferdemähne unterscheidet. Manche rasieren den Backenbart ab, andere lassen ihn mäßig wachsen. Die Vornehmen scheren sich die Wangen glatt, den Schnurrbart aber lassen sie unbeschränkt wachsen, sodass er den Mund bedeckt."

28

    Quod ubi Caesar resciit,
        quorum per fines ierant,
  his,
    uti conquirerent et reducerent,
5   si sibi purgati esse vellent,
  imperavit;
  reductos in hostium numero habuit;
  reliquos omnes obsidibus, armis, perfugis traditis in deditionem accepit.
  Helvetios, Tulingos Latobrigos in fines suos,
10   unde erant profecti,
  reverti iussit,
  et,
    quod omnibus frugibus amissis domi nihil erat,
        quo famen tolerarent,
15 Allobrogibus imperavit,
    ut iis frumenti copiam facerent;
  ipsos oppida vicosque,
    quos incenderant,
  restituere iussit.
20 Id ea maxime ratione fecit,
    quod noluit eum locum,
        unde Helvetii discesserant,
    vacare,
        ne propter bonitatem agrorum Germani
25   qui trans Rhenum incolunt,
        e suis finibus in Helvetiorum fines transirent
        et finitimi Galliae provinciae Allobrogibusque essent.
  Boios petentibus Haeduis,
    quod egregia virtute erant cogniti,
30   ut in finibus suis collocarent,
  concessit.

    Ⓚ *quod*: relativischer Satzanschluss – **resciscere:** bemerken, erfahren – Ⓚ Ordne: *his, per quorum fines ..., imperavit, uti ...* – **uti** ⁓ **ut**
5 **purgatum esse alci:** gerecht dastehen vor jdm. – **in hostium numero habere:** als Feinde behandeln (Die Kapitulation *deditio* schloss für den Sieger die Verpflichtung ein, die Kapitulierenden milde zu behandeln, d. h. ihnen Leben und Wohnsitze zu garantieren. Wurden die Kapitulierenden als ‚Feinde' behandelt, so hieß das für sie entweder Tod oder Verkauf in die Sklaverei.) – **perfuga, -ae** (*fugere*): Überläufer – **alqm in deditionem accipere:** jds. Unterwerfung annehmen
10 **fruges, um:** Feldfrüchte
15 **copiam facere alcs rei:** Gelegenheit zum Erwerb von etwas bieten, ausreichend Getreide liefern – **ipsos:** die Helvetier im Gegensatz zu den Allobrogern
20 **ea ratione:** aus dem Grund – **vacare:** leer (d. h. unbewohnt sein) sein, freistehen – **bonitas agrorum:** Güte der Felder, guter Boden
25 Ⓚ *Boios* (aus Betonungsgründen an die Spitze gestellt, um die von den anderen Völkern abweichende Behandlung der Boier zu betonen): Obj. zu *collocarent* – **cognitus:** bekannt
30 **collocare** h.: ansiedeln

Quibus illi agros dederunt
quosque postea in parem iuris libertatisque condicionem,
   atque ipsi erant,
35 receperunt.

⑯ *quibus quosque*: jeweils relativischer Satzanschluss, auf *Boios* bezogen – **illi**: die Haeduer im Gegensatz zu den Boiern – **par iuris libertatisque condicio**: die volle Gleichberechtigung und Unabhängigkeit – **par ... atque**: gleich ... wie – **atque ipsi erant**: wie sie sie selbst hatten

Aufgaben zur Interpretation

1. Wie stellt Caesar am Ende dieses Feldzugs seine Position und sein Wirken dar?
   Nennen Sie zentrale lateinische Begriffe aus dem Text.
2. Welche Funktion weist Caesar den rückgesiedelten Helvetiern zu? Warum wollte er ihre Abwanderung unbedingt verhindern?

Silberdenar Caesars aus dem Jahr 47 v. Chr. mit einer Trophäe aus gallischen Waffen; links ein gefesselter Gallier, rechts eine trauernde Gallierin

29 In castris Helvetiorum tabulae repertae sunt
litteris Graecis confectae
et ad Caesarem relatae.
5 Quibus in tabulis nominatim
ratio confecta erat,
   qui numerus domo exisset eorum
      qui arma ferre possent,
      et item separatim pueri,
10   senes mulieresque.
Quarum omnium rerum
summa erat capitum
Helvetiorum milium CCLXIII,
Tulingorum milium XXXVI
15 Latobrigorum XIV
Rauracorum XXIII
Boiorum XXXII;

Im Lager der Helvetier sind Verzeichnisse gefunden worden,
die in griechischer Sprache abgefasst sind
und die zu Caesar gebracht wurden.
Darauf war namentlich
die Berechnung durchgeführt,
   welche Zahl derer von zu Hause ausgezogen war,
      die Waffen tragen konnten
      und ebenso gesondert die Kinder,
      Greise und Frauen.
Bei all dem ergab sich
als Summe von Personen:
263 000 Helvetier,
36 000 Tulinger,
14 000 Latobriger,
23 000 Rauraker,
32 000 Boier;

47

ex his,	unter diesen waren
qui arma ferre possent,	ungefähr 92 000,
20 ad milia XCII.	die Waffen tragen konnten.
Summa omnium fuerunt	Die Gesamtzahl aller war
ad milia CCCLXVIII.	an die 368 000.
Eorum,	Von denen,
qui domum redierunt,	die nach Hause zurückgekehrt sind, hat
25 censu habito,	sich bei einer Zählung,
ut Caesar imperaverat,	wie sie Caesar befohlen hatte,
repertus est numerus milium CX.	eine Zahl von 110 000 ergeben.

I Aus folgender Skizze wird das zahlenmäßige Verhältnis von Helvetiern u.a. zu den sie bekämpfenden Römern ersichtlich.

[Skizze: Kreisdiagramm „Gesamtzahl der Helvetier 368.000" mit Segmenten Kinder, Waffenfähige, Greise, Frauen, Verluste an der Saône, u.a.; daneben „Römer 24.000" ↔ „92.000 Helvetier u.a." — Trotzdem: Sieg Caesars]

AUFGABEN ZUR INTERPRETATION

1. Welchen Eindruck will Caesar mit solchen Zahlenangaben – vor allem beim römischen Senat – erwecken?
2. Vergleichen Sie die Darstellung Caesars mit jener des Schriftstellers Plutarch (ca. 50 - 120 n. Chr.) in seiner Caesar-Biografie im Hinblick auf die Zahlen der Verluste.

Z „Die Helvetier aber griffen Caesar während seines Marsches – er führte sein Heer gerade zu einer verbündeten Stadt – unvermutet an, und er konnte knapp in eine befestigte Stellung entkommen. Und als er dort seine Streitmacht versammelt und aufgestellt hatte, wurde ihm ein Pferd gebracht, er aber rief: ‚Das nehme ich nach dem Sieg zur Verfolgung; jetzt wollen wir erst gegen den Feind ziehen!' und stürmte zu Fuß zum Angriff. Erst nach einiger Zeit und unter Schwierigkeiten drängte er das feindliche Heer zurück; aber bei der Wagenburg gab es für ihn die meiste Arbeit, weil dort nicht nur die Feinde selbst mit allen Mitteln Widerstand leisteten, sondern sich auch ihre Kinder und Frauen bis zum Tod wehrten, bis sie mit den Männern niedergehauen wurden. Daher ließ sich die Schlacht kaum gegen Mitternacht abschließen. Die Ruhmestat seines Sieges krönte er mit einer noch rühmlicheren: Alle Barbaren, die aus der Schlacht entkommen waren, siedelte er wieder an und zwang sie zum Wiederaufbau in dem verlassenen Land und den zerstörten Städten. Es waren über 100 000 Menschen. Caesar verfuhr so aus Furcht, wenn das Land unbewohnt sei, könnten die Germanen über den Rhein kommen und es besetzen."

Plutarch, Lebensbeschreibungen, Caesar, Kap. 18

Gallierin in der Schlacht, 2. Jh. v. Chr., Bologna, Museo Civico

Worin erkennen Sie deutliche Übereinstimmungen mit den Aussagen im Caesar-Text?

I „Confoederatio Helvetica", offizielle Bezeichnung der „Schweizer Eidgenossenschaft", wie sie auch auf dem internationalen Autokennzeichen der Schweiz erscheint. Die lateinische Form wurde gewählt, um keine der vier Sprachen (Deutsch, Französisch, Italienisch, Rätoromanisch) des Landes zu bevorzugen. Man griff früh auf den Namen des keltischen Volkes der Helvetier zurück, dessen Reste in der romanischen bzw. germanisch-alemannischen Bevölkerung aufgegangen waren.

Gallische Krieger auf der Flucht, 2. Jh. v. Chr., Bologna, Museo Civico

49

Die Auseinandersetzung mit Ariovist

Angst vor den Germanen

30–31 Nach dem Ende des Helvetierkrieges finden sich aus fast ganz Gallien die Stammesführer als Gesandte ein, um Caesar zu seinem Sieg zu gratulieren und zugleich ihre Wünsche und Sorgen vorzutragen. Der Haeduer Diviciacus ist ihr Sprecher; er berichtet, dass die Arverner und Sequaner im Kampf gegen die Haeduer für Sold Germanen (Sueben) anwerben und diese sich immer weiter in Gallien ausbreiten ...

*Nunc esse in Gallia centum et viginti milium ad numerum; cum his Haeduos
eorumque clientes semel atque iterum armis contendisse;
magnamque calamitatem pulsos accepisse.
Quibus proeliis calamitatibusque fractos,*
5 *qui et sua virtute et populi Romani hospitio atque amicitia
    plurimum ante in Gallia potuissent,
coactos esse
    Sequanis obsides dare nobilissimos civitatis et iure iurando
    civitatem obstringere*
10   *sese neque obsides repetituros
        neque auxilium a populo Romano imploraturos
        neque recusaturos,
            quominus perpetuo sub illorum dicione atque imperio essent.*

---

ad numerum (mit Gen.): ungefähr, gegen – **cliens, -ntis:** Schützling – **semel atque iterum:** immer wieder, wiederholt – Ⓚ <Haeduos> pulsos accepisse – Ⓚ Quibus proelis ... <eos> fractos ... coactos esse

5 **hospitium, -i:** Gastrecht, Freundschaft – **plurimum posse:** sehr großen Einfluss haben – Ⓚ von coactos esse sind die Infinitive dare und obstringere abhängig, von obstringere hängt der AcI sese neque ... imploraturos neque recusaturos <esse> ab – **obsides** (präd.): als Geiseln – **iure iurando obstringere alqm:** jdn. eidlich verpflichten

10 **recusare, quominus:** sich weigern, dass / zu ... – **perpetuo** (Adv.): ununterbrochen, dauernd – **dicio, -onis:** Gewalt, Macht

Unum se esse ex omni civitate Haeduorum
15   *qui adduci non potuerit,*
        ut iuraret aut liberos suos obsides daret.
Ob eam rem se ex ea civitate profugisse et
Romam ad senatum venisse auxilium postulatum ...

15 **profugere:** sich davonmachen, flüchten ... – **venire auxilium postulatum** (Sup. fin.): kommen, um Hilfe zu fordern

Hilferuf an Caesar

Das schlimmste Schicksal treffe die Sequaner; da sich Ariovist, der Germanenkönig in ihrem Land aufhalte und bereits ein Drittel davon unter seiner Herrschaft habe, hätten sie Angst, alle aus Gallien vertrieben zu werden. Dieser Ariovist herrsche nach seinem Sieg über ein gallisches Heer bei Magetobriga wie ein Tyrann und wie ein unberechenbarer, jähzorniger Barbar. Allein Caesar könne gegen diese germanische Übermacht und Schreckensherrschaft der Germanen etwas ausrichten. Diviciacus beschließt seine Rede folgendermaßen:

Caesarem vel auctoritate sua atque exercitus
        vel recenti victoria
        vel nomine populi Romani deterrere posse,
    ne maior multitudo Germanorum Rhenum traducatur,
5 *Galliamque omnem ab Ariovisti iniuria posse defendere.*

recens, -ntis: frisch, neu – **deterrere** h. abschrecken, verhindern – **traducere:** hinüberführen

Aufgaben zur Interpretation

1. Wie sind die Germanen nach Gallien gekommen? Wie führen sie sich dort auf?
2. Warum wenden sich gerade die Haeduer sorgenvoll an Caesar?
3. Was möchte Caesar erreichen, wenn er auf das besonders schlimme Schicksal der Sequaner verweist? Welches Verbum verwendet Caesar im Hilfsgesuch des Diviciacus absichtlich, um sein Vorgehen in Gallien zu kennzeichnen?

Botschaften zwischen Caesar und Ariovist

32–35 Auf den Hilferuf der Gallier hin entschließt sich Caesar einzugreifen; er fühlt sich verpflichtet, gegen den Germanenkönig vorzugehen, obwohl dieser erst wenig Zeit vorher – unter Caesars Konsulat – den römischen Ehrentitel *amicus populi Romani* erhalten hat.
Er versucht es zunächst auf diplomatischer Ebene. Er bietet durch Gesandte Ariovist eine Verhandlung in der Mitte der beiden Heere an. Der Germane lehnt dies aber durch Boten schroff ab. Daraufhin lässt ihn Caesar wissen, dass er völkerrechtlich verpflichtet sei, römische Bundesgenossen gegen Unrecht zu verteidigen (*Haeduos ceterosque socios populi Romani defendere*). Er werde deshalb das Unrecht an den Haeduern nicht ungestraft lassen (*se Haeduorum iniurias non neglecturum*). Caesar und Ariovist stehen sich wie zwei Schachspieler gegenüber, die sich gegenseitig Zug um Zug schachmatt setzen wollen.

36

Ad haec Ariovistus respondit:
   ius esse belli,
      ut, qui vicissent, iis, quos vicissent,
         quemadmodum vellent,
5   imperarent;
item populum Romanum victis non
   ad alterius praescriptum,
   sed ad suum arbitrium
   imperare consuesse.

10 Si ipse populo Romano non praescriberet,
      quemadmodum suo iure uteretur,
   non oportere se a populo Romano
   in suo iure impediri.
15 Haeduos sibi,
     quoniam belli fortunam temptassent et armis congressi ac superati essent,
   stipendiarios esse factos.
20 Magnam Caesarem iniuriam facere,
   quod suo adventu vectigalia
   deteriora faceret.
Haeduis se obsides non redditurum esse.
25 Neque his neque eorum sociis
   iniuria bellum
   inlaturum,
     si in eo manerent,
     quod convenisset,

Darauf antwortete Ariovist:
   es sei Recht des Krieges
      dass die Sieger über die Besiegten
         wie sie wollten,
   herrschten.
Ebenso übe das römische Volk über die
Besiegten nicht nach Vorschrift anderer, sondern nach eigener Entscheidung gewöhnlich
ihre Herrschaft aus.

Wenn er selbst dem römischen Volke keine
Vorschriften mache,
      wie es sein Recht benützen solle,
   dann dürfe auch er vom römischen Volk
   nicht in seinem Recht behindert werden.
Die Haeduer seien ihm,
     da sie das Kriegsglück versucht hätten
     und mit ihm die Waffen gekreuzt und
     dabei verloren hätten,
   tributpflichtig geworden.
Caesar tue großes Unrecht,
   weil er ihm durch seine Ankunft die
   Steuerabgaben verringere.
Den Haeduern werde er die Geiseln nicht
zurückgeben
und er werde weder sie noch ihre
Bundesgenossen unrechtmäßig
bekriegen,
     wenn sie an dem festhielten,
     was vereinbart worden sei,

stipendiumque quotannis penderent.	und wenn sie jährlich ihre Steuern zahlten.
Si id non fecissent, longe his fraternum nomen populi Romani afuturum.	Wenn sie das nicht täten, wäre der brüderliche Name des römischen Volkes von ihnen weit entfernt.
35 Quod sibi Caesar denuntiaret se Haeduorum iniurias non neglecturum, neminem secum sine sua pernicie contendisse.	Wenn Caesar ihm verkünde, er werde das Unrecht an den Haeduern nicht ungestraft lassen, so solle er wissen, niemand habe mit ihm ohne sein eigenes Unheil gekämpft.
40 Cum vellet, congrederetur: Intellecturum, quid invicti Germani, exercitatissimi in armis, 45 qui inter annos XIV tectum non subissent, virtute possent.	Wenn er wolle, solle er mit ihm kämpfen. Er werde erkennen, was die unbesiegten Germanen, in den Waffen äußerst geübte Männer, die innerhalb von 14 Jahren kein Dach über dem Kopf gehabt hätten, mit ihrer Tapferkeit zustande brächten.

1. Worauf pocht Ariovist in seiner Antwort auf Caesar?
2. In welchem Licht lässt dieser den Germanenkönig vor seinen Lesern erscheinen?
3. Welche lateinischen Begriffe zeigen an, wie Ariovist beurteilt werden soll?

Z „Caesar ließ sich in Gallien keine Gelegenheit zum Kriegführen entgehen, auch wenn es ungerechtfertigt und gefährlich war; auch griff er ohne Grund gleichermaßen Verbündete und feindliche Barbarenvölker an, sodass eines Tages der Senat beschloss, eine Kommission zu entsenden, um sich über die Zustände in Gallien orientieren zu lassen. Einige waren sogar der Meinung, man solle ihn dem Feind ausliefern."

Sueton, Caesar-Biografie, Kap. 24

Marcus Porcius Cato d. J., gen. Cato Uticensis (95 - 46 v. Chr.), einer der schärfsten Widersacher Caesars im römischen Senat

1. Welche dieser Feststellungen trifft auf Caesars Auseinandersetzung mit Ariovist zu?
2. Wie war man in Rom Caesar gegenüber von Anfang an eingestellt?

Zug nach Vesontio

37–38

Kurz darauf erfährt Caesar, dass die Haruden, ein germanischer Stamm, der Ariovist Gefolgschaft leistet, das Land der Haeduer verwüsten. Auch die Sueben wollen, so eine weitere Nachricht, den Rhein überschreiten. Caesar zieht ihnen in Eilmärschen entgegen, da er eine Vereinigung der beiden Germanenstämme verhindern will. Er wird informiert, dass Ariovist mit seinem Heer nach der Stadt Vesontio marschiert, um sie zu erobern. „Da sie die größte Stadt der Sequaner ist", will ihm Caesar zuvorkommen; auch er zieht eilig in Richtung auf diese Stadt; sie hat für ihn große strategische Bedeutung:

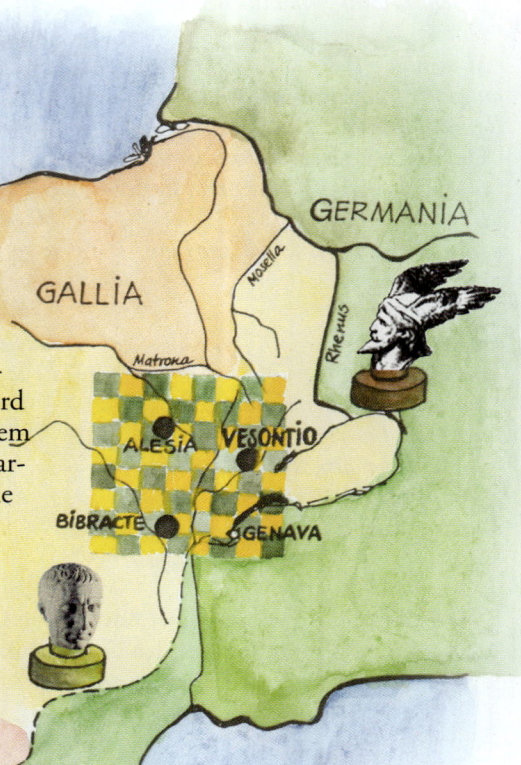

Namque omnium rerum,
    quae ad bellum usui erant,
summa erat in oppido facultas, idque natura loci sic muniebatur,
    ut magnam ad ducendum bellum daret facultatem,
5   propterea quod flumen Dubis ut circino circumductum
      paene totum oppidum cingit.
Reliquum spatium,
    quod est non amplius pedum mille sescentorum,
      qua flumen intermittit,
10 mons continet magna altitudine ita,
    ut radices eius montis ex utraque parte ripae fluminis contingant.
Hunc murus circumdatus arcem efficit et cum oppido coniungit.

---

usui esse: nützlich sein, brauchbar sein — **facultas, -atis:** Möglichkeit, h. Vorrat, Fülle — **natura loci** h.: durch ihre Lage — **bellum ducere:** einen Krieg in die Länge ziehen
5 **Dubis, -is:** Fluss, Nebenfluss des Arar (heute Doubs) — **circinus, -i:** Zirkel — **circumducere:** (im Kreis) herumführen, -ziehen — **amplius** (Adv. bei Zahlen oft ohne *quam*): mehr, größer als — **mille sescentorum pedum** (Gen. qual.): (von) 1600 Fuß — **qua:** wo — **intermittere:** unterbrechen, h.: einen Zwischenraum offenlassen
10 **continere:** umfassen, h. einnehmen — **radix, -icis:** Wurzel, h. Fuß (d. Berges), Ausläufer — **ex utraque parte:** auf beiden Seiten — **contingere:** berühren — **circumdare** h.: rings aufführen, herumbauen — Ⓚ *hunc:* zu *mons* — **efficere** (mit dopp. Akk.): etwas zu etwas machen

Vesontio: das heutige Besançon

„Man wird überrascht und entzückt sein von dem ersten Blick auf Besançon. Der Fluss Doubs macht hier einen großen Bogen, etwa in der Form einer Birne, rings um die alte Stadt herum, während das enge Ende der Schlinge von einem riesigen Felsblock ausgefüllt wird. Die alte Zitadelle thront in einer Höhe von 120 m. Von dem Gipfel dieses Felsens sieht man auf die Stadt und den Fluss hinab, wie vor Jahrhunderten die Wächter dies taten, während sie die Höhe unaufhörlich aufmerksam abschritten.

Die alte römische Heerstraße führt mitten durch die Stadt, von der Kathedrale Saint-Jean am Fuß des Felsens, bis zum Pont du Battant, am anderen Ende. Fast alles Sehenswerte in Besançon liegt an oder in der Nähe dieser Straße ...

Doch Besançon ist nicht nur eine Kollektion von Antiquitäten. Es ist eine geschäftige Stadt, reich auch an landschaftlichen Schönheiten. Wasserfälle, Keller mit fantastischen Grotten, Seen und bewaldete Hügel befinden sich in der näheren Umgebung, und mehrere erstklassige Straßen machen solche kleinen Ausflüge zum Vergnügen."

Vergleichen Sie Caesars Darstellung von Vesontio mit dieser Beschreibung des heutigen Besançon aus einem modernen Reiseführer.

1. Auf welche Erscheinungen und Fakten ist Caesar bei seiner Stadtbeschreibung gar nicht eingegangen?
2. Worauf ist es also dem Römer ausschließlich angekommen?
3. Wie könnte man demnach Caesars Sprachstil kennzeichnen?
4. Welcher Gesichtspunkt in Caesars Beschreibung von Vesontio wird im Luftbild von Besançon auffallend bestätigt?

Panik im Heer

39 Dum paucos dies ad Vesontionem rei frumentariae commeatusque causa moratur, ex percontatione nostrorum vocibusque Gallorum ac mercatorum,

    qui ingenti magnitudine corporum Germanos, incredibili virtute atque exercitatione in armis esse praedicabant

    – saepenumero sese cum his congressos ne vultum quidem atque aciem oculorum dicebant ferre potuisse –

tantus subito timor omnem exercitum occupavit,

    ut non mediocriter omnium mentes animosque perturbaret.

Hic primum ortus est a tribunis militum, praefectis reliquisque,

    qui ex urbe amicitiae causa Caesarem secuti non magnum in re militari usum habebant.

Quorum alius alia causa illata,

    quam sibi ad proficiscendum necessariam esse diceret,

petebat,

    ut eius voluntate discedere liceret.

Nonnulli pudore adducti,

    ut timoris suspicionem vitarent,

remanebant.

Während er wenige Tage bei Vesontio, um Getreide und Nachschub zu bekommen, verweilte, hat auf die Erkundigung unserer Leute und auf Aussagen von Galliern und Kaufleuten hin,

    die bekundeten,

    die Germanen seien von gewaltiger Körpergröße, von unglaublicher Tapferkeit und Übung in den Waffen

    – oft hätten sie nämlich beim Zusammentreffen mit ihnen nicht einmal ihr Gesicht und die Schärfe ihres Blicks ertragen können –

plötzlich eine so große Angst das ganze Heer erfasst,

    dass sie nicht wenig die Sinne und Herzen aller in Panik versetzte.

Diese ging zuerst von den Militärtribunen, von den Kommandanten und den übrigen aus,

    die aus der Hauptstadt aus Freundschaft Caesar gefolgt waren und keine große Erfahrung im Kriegsdienst hatten.

Von diesen brachte jeder einen anderen Grund vor, von dem er meinte, er sei für die Abreise zwingend,

und bat deshalb,

    dass er mit seiner Einwilligung gehen dürfe.

Einige jedoch blieben aus Scham zurück,

    um nicht den Verdacht von Feigheit zu erregen.

1. Welche Vorstellung von den Germanen herrscht bei den römischen Soldaten? Welche Wirkung geht von ihnen offensichtlich aus?
2. Warum bricht plötzlich in Caesars Heer eine Panik aus? Welche lateinischen Wörter und Wendungen zeigen das an?

Furor Teutonicus im 20. Jahrhundert

Der *Furor Teutonicus*, der bei den Römern Angst und Schrecken auslöste (↗ S. 17), hat sich im 20. Jh. zu einem politischen Schlagwort entwickelt. Im Hitler-Regime z.B. wurde es folgendermaßen verwendet:
„Dieses Deutschland ist überhaupt nicht niederzubrechen oder niederzuwerfen! Nicht nur seine Männer, auch seine Frauen, ja seine Kinder sind Helden! Man hat in ihnen den *Furor Teutonicus* erweckt; wir sind heute zu allem bereit und zu allem entschlossen ... Wer wollte jemals die ungeheure Kraft einer solchen Nation überwinden?"

Joseph Goebbels (1943)

Vulgo totis castris testamenta obsignabantur. Horum vocibus ac timore paulatim etiam ii, qui magnum in castris usum habebant, milites centurionesque, 35 quique equitatui praeerant, perturbabantur.	Allgemein wurden im Lager Testamente abgefasst. Wegen deren Äußerungen und Furcht wurden allmählich auch die, die große Kriegserfahrung hatten, nämlich Soldaten und Offiziere und die, die die Reiterei befehligten, von der Panik erfasst.
Qui se ex his minus timidos existimari volebant, non se hostem vereri, sed angustias 40 itineris et magnitudinem silvarum, quae inter eos atque Ariovistum intercederent, aut rem frumentariam, ut satis commode supportari posset, 45 timere dicebant. Nonnulli etiam Caesari nuntiabant, cum castra moveri ac signa ferri iussisset, non fore dicto audientes milites neque 50 propter timorem signa laturos.	Wer von diesen als weniger furchtsam gelten wollte, äußerte, er fürchte nicht den Feind, sondern die engen Wege und die Größe der Wälder, die zwischen ihnen und Ariovist lägen, oder fürchte um den Getreidenachschub, dass er nicht ausreichend herangeschafft werden könne. Einige meldeten Caesar sogar, als er den Befehl zum Aufbruch und Angriff gegeben hatte, die Soldaten würden den Befehl verweigern und aus Furcht nicht bereit sein loszumarschieren.

3. Welche Teile des Heeres werden nach und nach von der Panik erfasst? Inwiefern lässt sich hierbei eine Abstufung der Reaktionen feststellen?
4. Wodurch versucht Caesar, das Verhalten der Soldaten ziemlich drastisch hinzuzustellen? Welche lateinischen Wörter und Wendungen lassen sich dafür anführen?
5. Was könnte Caesar dazu veranlasst haben, seine Truppe bei seinen Lesern in einem derart trüben Licht erscheinen zu lassen?

In der Zeit, als die deutsche Fußball-Nationalmannschaft noch zu den stärksten der Welt zählte, hatte man besonders in Italien Respekt vor der enormen Kampfkraft der Teutonen, die man dort deshalb als „teutonische Panzer" (*i panzer teutonici*) bezeichnete. Einmal gelang es den Italienern, bei der Weltmeisterschaft in Mexiko in der Verlängerung mit 4 : 3 zu gewinnen; die Begeisterung in Italien war groß; später las man in einer Zeitung: „Nun aber (gemeint ist in der Verlängerung) scheiterte teutonische Raserei an lateinischer Klugheit ..."

Teutonische Raserei im Ansturm, Karikatur von Dieter Maetschke

Eine „Feldherrnrede" gegen die Meuterei

40 Als Caesar von der Meuterei des Heeres Kenntnis bekommt, ruft er einen Kriegsrat ein und lässt an diesem die Offiziere aller Dienstgrade teilnehmen; er macht ihnen heftige Vorwürfe, besonders weil sie glaubten, danach forschen und darüber nachdenken zu müssen, in welche Richtung und mit welcher Taktik sie geführt werden sollten.

Ariovistum se consule cupidissime populi Romani amicitiam appetivisse. Cur hunc tam temere quisquam ab officio discessurum iudicaret?
Sibi quidem persuaderi
   cognitis suis postulatis atque aequitate condicionum perspecta
5   *eum neque suam neque populi Romani gratiam repudiaturum.*
     Quodsi furore atque amentia impulsus bellum intulisset,
quid tandem vererentur aut
cur de sua virtute aut de ipsius diligentia desperarent?
Factum eius hostis periculum patrum nostrorum memoria,
10   *cum Cimbris et Teutonis a C. Mario pulsis non minorem laudem*
   exercitus quam ipse imperator meritus videretur.

se (~ *Caesare*) **consule**: Zeitangabe (59 v. Chr.) – **temere**: unbesonnen, leichtsinnig – **officium, -i**: Verpflichtung, Dankespflicht – **ab officio discedere**: seine Pflicht verletzen – Ⓚ *discessurum <esse>* – **iudicaret**: Deliberativ (Or. obl.) – Ⓚ *sibi ... persuaderi ... eum ... neque ... neque ... repudiaturum <esse>* – **postulatum, -i** (Subst.): Forderung – **aequitas, -atis** h.: Berechtigung – **perspicere**: erkennen, begreifen
5 **repudiare**: zurückweisen, verschmähen – **quodsi**: wenn aber – **amentia, -ae**: Wahnsinn, Verrücktheit – **quid tandem**: was eigentlich – **sua** ~ *militum* – **ipsius** ~ *Caesaris* – **diligentia, -ae**: Umsicht – **periculum facere alcs**: eine Kraftprobe mit jdm. unternehmen, mit jdm. seine Kräfte messen – **patrum ... memoria**: zur Zeit der Vorfahren
10 **Cimbri et Teutoni**: ↗ S. 17 – **C. Marius**: siebenfacher Konsul 107-86 v. Chr. – Ⓚ *meritus <esse>*

Aufgaben zur Interpretation

1. Womit versucht Caesar dem Heer die Angst zu nehmen? Welchen Eindruck von Ariovist will er erwecken?
2. Aus welchen Angaben geht hervor, dass Caesar im Heer den *Furor Teutonicus* am Werke glaubt? Wie versucht er dagegen anzugehen?
3. Warum nennt der mit dem Volk sympathisierende Caesar hier C. Marius, den siebenfachen Konsul (107 - 86 v. Chr.) und einstigen Vertreter der Popularen-Partei, mit Namen? Was verspricht er sich davon?

C. Marius, der Germanen-Besieger

Caesar weist in seiner Rede sodann darauf hin, dass sich die Römer auch beim Sklavenaufstand in Italien gegen Germanen durchgesetzt hätten, die sich zu ihrer Tapferkeit hinzu auch noch durch antrainierte römische Zucht (*disciplina*) auszeichneten. Schließlich seien die Germanen die gleichen Feinde, mit denen sich die Helvetier häufig erfolgreich geschlagen hätten, die Helvetier, die ihrerseits aber gegen die Römer den Kürzeren gezogen hätten.

Und wenn jemand die Erfolge Ariovists gegen die Gallier beunruhigen, dann sei darauf hinzuweisen, dass Ariovist sie nicht so sehr durch Tapferkeit als vielmehr durch List bezwungen habe; denn nachdem er sich lange hinter Lagermauern und in Sümpfen verborgen gehalten habe, sei er plötzlich über die schon an der Möglichkeit einer Schlacht verzweifelnden Gallier hergefallen und so zum Sieg gekommen. Doch hoffe nicht einmal Ariovist selbst, mit einem solchen Kunstgriff, der gegen unerfahrene Barbaren glückte, das römische Heer zu besiegen.

> *Qui suum timorem in rei frumentariae simulationem angustiasque*
> *itineris conferrent,*
> *facere arroganter,*
> 15 *cum aut de officio imperatoris desperare aut praescribere viderentur.*
> *Haec sibi esse curae:*
> *Frumentum Sequanos, Leucos, Lingones subministrare*
> *iamque esse in agris frumenta matura.*
> *De itinere ipsos brevi iudicaturos.*
> 20 *Quod non fore dicto audientes neque signa laturi dicantur*
> *nihil se ea re commoveri;*
> *scire enim,*
> *quibuscumque exercitus dicto audiens non fuerit,*
> *aut male re gesta fortunam defuisse*
> 25 *aut aliquo facinore comperto avaritiam esse convictam.*
> *Suam innocentiam perpetua vita,*
> *felicitatem Helvetiorum bello esse perspectam.*

timorem conferre in alqd: die Furcht auf etwas schieben / mit etwas begründen – **simulatio rei frumentariae:** geheuchelte Sorge um Getreidebeschaffung – **arrogans, -ntis:** anmaßend

15 **officium, -i** h.: Pflichtbewusstsein – **praescribere:** Vorschriften machen – **Leuci, -orum:** Leuker, keltischer Stamm im heutigen Lothringen – **subministrare:** liefern, herbeischaffen – **maturus:** reif – Ⓚ *iudicaturos <esse>*

20 **quod** (fakt.; an der Satzspitze): wenn – **dicto audientem esse:** dem Befehl nicht gehorsam sein, den Befehl verweigern – Ⓚ *signa laturi <esse>* – **commovere:** heftig bewegen, beunruhigen – Ⓚ *<se> scire ... <eis>* , *quibuscumque ... fuerit, aut ... fortunam defuisse aut ... esse convictam* – **rem male gerere:** einen Misserfolg haben, eine Niederlage erleiden

25 **facinus, -oris:** Schandtat, Verbrechen – **comperire (comperi, compertum):** erfahren – **convincere:** überführen, h. nachweisen – **innocentia, -ae:** Uneigennützigkeit – **perpetuus:** andauernd – **felicitas, -atis** (*felix*): Glück, Erfolg

Itaque se,
    quod in longiorem diem collaturus fuisset,
30 *repraesentaturum et proxima nocte de quarta vigilia castra moturum,*
    ut quam primum intellegere posset,
        utrum apud eos pudor atque officium an timor plus valeret.
    Quodsi praeterea nemo sequatur,
tamen se cum sola decima legione iturum,
35   *de qua non dubitaret,*
sibique eam praetoriam cohortem futuram.

Ⓚ *<id> quod* – **in longiorem diem:** auf einen späteren Termin, für eine spätere Zeit – **conferre** h.: aufschieben; *collaturus sum*: ich will aufschieben

30 **repraesentare:** (sofort) verwirklichen, ausführen – **de quarta vigilia:** noch während der vierten Nachtwache (3 - 6 Uhr) – **castra movere:** aufbrechen – Ⓚ *moturum <esse>* – **quam primum:** sobald wie möglich – **pudor, -oris:** Schamgefühl – **quodsi:** wenn nun / aber – **decima legio:** die 10. Legion (Caesars Elite-Legion) – Ⓚ *iturum <esse>*

35 **praetoria cohors:** die Leibwache – Ⓚ *futuram <esse>*

Aufgaben zur Interpretation

4. In welche Abschnitte lässt sich die gesamte Rede einteilen?
5. Welche Punkte der Rede gehen unmittelbar auf die Sorgen und Klagen des Heeres ein? Welches ist wohl das stärkste Argument, das Caesar gegen die Meuterei der Truppe einsetzt?
6. Inwiefern ist die Rede Caesars auch ein Beispiel für eine geschickte Psychagogie („Seelenführung")?

Der griechische Historiker Cassius Dio (2. / 3. Jh. n. Chr.) schreibt in seiner „Römischen Geschichte" Folgendes: „Inzwischen war die Nachricht gekommen, Ariovist rüste gewaltig, und auch andere keltische Stämme hätten in großer Zahl teils den Rhein überschritten, als wollten sie Ariovist unterstützen, teils stünden sie direkt am Fluss, um die Römer plötzlich anzugreifen. Das nahm den Soldaten gewaltig den Mut. Denn sie waren voller Schrecken über die Größe der Gegner, ihre Menge, ihre Kühnheit und drohende Entschlossenheit und sie verhielten sich schon so, als sollten sie nicht gegen irgendwelche Menschen, sondern gegen wilde Tiere vorgehen. So murrten sie laut, sie wollten einen Krieg anfangen, der weder gerecht noch vom Senat beschlossen sei – nur für Caesars privaten Ehrgeiz; außerdem drohten sie mit Gehorsamsverweigerung, falls er seinen Sinn nicht ändere."

                                          Cassius Dio, Römische Geschichte 38, 35, 1-2

Welche Feststellungen Caesars finden Sie in diesem Bericht des griechischen Historikers bestätigt? Welche weichen von den Aussagen Caesars ab?

Verhandlung zu Pferd

Caesars Rede hat einen völligen Stimmungsumschwung bei den Soldaten bewirkt; höchste Kampfbegeisterung ist an die Stelle von Angst und Meuterei getreten:
Hac oratione habita mirum in modum conversae sunt omnium mentes summaque alacritas et cupiditas belli gerendi iniecta est.
Caesar zieht daraufhin sofort gegen Ariovist. Als dieser von der Nähe des römischen Heeres erfährt, zeigt er sich plötzlich bereit, das Verhandlungsangebot anzunehmen. Man trifft sich in der Mitte der beiden Heere und verhandelt zu Pferd.

Der Kupferstich von Johann Michael Mettenleiter aus dem Jahr 1823 zeigt Caesar und Ariovist in der Unterredung vor der Schlacht.
Welche Aussageabsicht scheint dem Bild zugrunde zu liegen?

Caesar stellt nochmals den völkerrechtlichen Standpunkt Roms dar. Ariovist widerspricht diesem, er betont seinerseits sein Recht auf Gallien, das seine Provinz sei, da es ihm durch Kriegsrecht zugefallen sei. Die Römer hätten hier nichts verloren. Auf die römische Freundschaft könne er verzichten, falls sie ihm nicht zum Schutz, sondern zum Schaden sei.
Warum befinde sich Caesar überhaupt in Gallien? Er müsse argwöhnen, dass er die Freundschaft nur vortäusche und seine Heeresmacht in Gallien habe, nur um ihn zu vernichten. Falls Caesar nicht verschwinde und sein Heer nicht aus diesem Gebiet abziehe, werde er ihn nicht als Freund, sondern als Feind betrachten. Ariovist droht Caesar.

Ariovists Drohung

44

Quodsi eum interfecerit,
multis se nobilissimis principibusque populi Romani gratum esse facturum
  – id se ab ipsis per eorum nuntios compertum habere –,
quorum omnium gratiam atque amicitiam eius morte redimere posset.
5 *Quodsi decessisset et liberam possessionem Galliae sibi tradidisset,*
magno se illum praemio remuneraturum et,
  quaecumque bella geri vellet,
sine ullo eius labore et periculo confecturum esse.

quodsi: wenn nun / aber – **gratum facere alci:** jdm. einen Gefallen erweisen – **compertum habere:** in Erfahrung gebracht haben, sicher wissen – **redimere:** erkaufen, gewinnen
5 **decedere:** abziehen – **remunerare alqm:** sich jdm. erkenntlich zeigen – Ⓚ *quaecumque bella geri vellet*: in AcI verschränkter Rel.-Satz

Aufgaben zur Interpretation

1. Von welcher Schwierigkeit Caesars in Rom hat Ariovist offensichtlich Kenntnis?
2. Inwiefern erhält der Begriff „Freiheit" im Munde des Ariovist eine eigenartige Färbung? Was aber will Caesar damit erreichen?

Caesars Rechtsanspruch auf Gallien

Caesar weist Ariovists Ansprüche entschieden zurück; er macht deutlich, dass die Römer verdiente Bundesgenossen niemals im Stiche lassen würden. Nach dem Recht des Siegers gehöre Gallien eher den Römern als Ariovist; denn die Stämme der Arverner und Rutener seien schon von Q. Fabius Maximus, dem Konsul des Jahres 121 v. Chr., im Krieg besiegt worden, ohne dass damals das Land zu einer römischen Provinz gemacht worden sei.

45

Quodsi antiquissimum quodque tempus spectari oporteret,
populi Romani iustissimum esse in Gallia imperium;
  si iudicium senatus observari oporteret,
liberam debere esse Galliam,
5 *quam bello victam suis legibus uti voluisset.*

quodsi: wenn nun / aber – **antiquissimum quodque tempus:** gerade die ältesten Zeiten – **observare:** beachten
5 Ⓚ *quam ... uti*: verschränkter Rel.-Satz; Subj. zu *voluisset*: *senatus*

Aufgaben zur Interpretation

1. Wozu wären die Römer aufgrund des Sieges des Q. Fabius Maximus berechtigt gewesen? Was aber ist der Wille des Senats?
2. Was hätte man in Rom von Caesar erwarten dürfen? In welche Position muss sich Caesar also bringen, um seine Eroberungspolitik in Gallien fortsetzen zu können? Wozu kann ihm demnach Ariovist nützlich sein?

Kampf und Sieg

Während des Gesprächs erhält Caesar die Nachricht, dass seine Legion von den Gegnern angegriffen werde; er unterbricht sofort die Unterredung, reitet zu den Seinen und verbietet, sich auf Kriegshandlungen einzulassen. Ariovist lässt einige Tage später wissen, er wolle die Verhandlung fortführen oder Gesandte von Caesar empfangen. Dieser schickt C. Valerius Procillus und Marcus Mettius, die jedoch Ariovist in Ketten legen lässt – ein Beweis für seine Arroganz und politische Unzuverlässigkeit. Da entscheidet sich Caesar für den Kampf; es kommt zur großen Schlacht zwischen Römern und Germanen bei Vesontio. Nach einem langen und schwierigen Kampf erringen die Römer den Sieg. Ariovist flieht mit den Seinen über den Rhein nach Germanien zurück. Ariovists weiteres Schicksal ist nicht bekannt.

„Schon der Anmarsch der Römer hatte das Selbstgefühl Ariovists erschüttert. Ihr Angriff kam ihm völlig unerwartet, hatte er ihnen doch nicht einmal so viel Mut zugetraut, dass sie sich den anrückenden Germanen zum Kampfe stellen würden. Caesars Kühnheit überraschte ihn und versetzte, wie er wohl bemerkte, auch seine Truppen in Unruhe. Noch mehr entsank ihnen der Mut, als die heiligen Frauen, welche aus der Beobachtung der Wirbel und Strudel und aus dem Brausen der Flüsse die Zukunft deuteten, eine Schlacht vor dem Anfang des Neumondes nicht zulassen wollten. Als Caesar davon Kunde erhielt und beobachtete, dass sich die Germanen in ihrem Lager nicht rührten, schien es ihm ratsamer, sie zum Kampf zu zwingen, auch wenn sie dazu nicht willens wären, statt untätig zu warten, bis sie den Moment für günstig erachteten." Plutarch, Lebensbeschreibungen, Caesar 19

Welchen Eindruck von den Germanen erweckt dieser Bericht Plutarchs? Inwiefern ist Caesars Darstellung ganz anders?

„Wahrscheinlich hat Caesar in seiner Darstellung die Gefahr, die von den Germanen drohte, absichtlich stark übertrieben. Die Weise, in der er die Meldungen darüber in seinen Bericht einflicht, deutet auf ein höchst geschicktes Arrangement."
Christian Meier, Caesar, S. 302

1. Stellen Sie die wichtigsten Hinweise auf die Germanengefahr zusammen, die Caesar in seinen Bericht einflicht.
2. Warum glaubte Caesar, die von Ariovist und den Germanen drohende Gefahr übertreiben zu müssen? Bedenken Sie dabei, dass man von Rom aus seine Eroberungspolitik misstrauisch beobachtete.

LIBER QUARTUS

Caesar am Rhein

1–3

Zu Beginn des Jahres 55 v. Chr. kommen die germanischen Usipeter und Tenkterer in großer Zahl über den Rhein nach Gallien; sie sind mehrere Jahre lang von den Sueben so hart bedrängt worden, dass sie ihre Felder nicht mehr bestellen können.

Völkermord an den Usipetern und Tenkterern

Caesar beschreibt den Stamm der Sueben als den bei weitem größten und kriegerischsten unter den Germanen. Sie schaffen um sich herum einen leeren Raum, um ungefährdet zu sein; dadurch drängen sie andere Stämme ab; diese haben die Neigung sich auf der anderen Seite des Rheins in „Schutz" zu bringen, so auch die Usipeter und Tenkterer.

4–12

Deshalb sieht sich Caesar gezwungen, gegen die Germanen kriegerisch vorzugehen. Einer germanischen Gesandtschaft antwortet er, es könne zwischen ihm und den Germanen keine Freundschaft herrschen, wenn sie in Gallien blieben. Die Gesandten erklären, sie wollen dies ihren Landsleuten mitteilen und in drei Tagen wieder kommen. Da unterliegen 5 000 Reiter, die in römischen Diensten stehen, einem Ansturm von 800 germanischen Reitern.

Gefangennahme der Gesandten

13

Hoc proelio facto Caesar neque iam sibi legatos audiendos neque condiciones accipiendas arbitra-
5 batur ab iis,
   qui per dolum atque insidias petita pace ultro bellum intulisset;
exspectare vero,
10   dum hostium copiae augerentur
   equitatusque reverteretur

Auf diesen Überfall hin glaubte Caesar Gesandte nicht mehr anhören und keine Bedingungen von solchen annehmen zu müssen,
   die zuerst listig und hinterhältig den Frieden erbeten und dann grundlos den Krieg eröffnet hätten;
zu warten aber,
   bis sich die feindlichen Truppen vermehrten
   und die Reiterei zurückkehre,

summae dementiae esse iudicabat	hielt er für ein Zeichen höchster Dummheit
15 et cognita Gallorum infirmitate,	und, da er die Schwäche der Gallier erkannt hatte,
quantum iam apud eos hostes uno proelio auctoritatis essent consecuti,	merkte er, wie viel an Einfluss bereits die Feinde durch ein Gefecht bei ihnen erreicht hätten.
20 sentiebat.	
Quibus ad consilia capienda nihil spatii dandum existimabat.	Ihnen glaubte er keine Zeit zum Pläneschmieden geben zu dürfen.
His constitutis rebus et consilio cum legatis et quaestore communicato,	Als er diese Maßnahmen festgelegt und seinen Plan mit den Legaten und dem Quästor besprochen hatte,
25	
ne quem diem pugnae praetermitteret,	um ja keinen Kampftag zu verlieren,
opportunissime res accidit,	traf es sich sehr günstig,
quod postridie eius diei mane eadem et perfidia et simulatione usi	dass tags darauf am Morgen mit derselben Hinterhältigkeit und Verstellung
30	
Germani frequentes omnibus principibus maioribusque natu adhibitis	die Germanen in großer Zahl zusammen mit allen Fürsten und Ältesten
35 ad eum in castra venerunt,	zu ihm ins Lager kamen,
simul, ut dicebatur, sui purgandi causa,	einmal, wie man sagte, um sich zu entschuldigen,
quod contra atque esset dictum et ipsi petissent,	dass sie gegen die Abmachung und die eigene Bitte
40 proelium pridie commisissent,	tags zuvor den Kampf geliefert hätten,
simul ut,	dann,
si quid possent, de indutiis fallendo impetrarent.	um, falls sie es irgendwie konnten, etwas über einen Waffenstillstand durch Täuschung zu erreichen.
Quos sibi Caesar oblatos gavisus retineri iussit.	Erfreut, dass diese ihm in die Hände gefallen waren, ließ Caesar sie festhalten.
45	
Ipse omnes copias castris eduxit equitatumque,	Er selbst führte alle Truppen aus dem Lager und ließ die Reiterei,
quod recenti proelio perterritum esse existimabat	von der er glaubte, sie sei noch vom Kampf schockiert,
50 agmen subsequi iussit.	die Nachhut bilden.

Worüber ist Caesar verärgert? Wodurch entsteht der Eindruck, dass sein Ärger hier berechtigt ist? Wie rächt sich Caesar dafür? Inwiefern hält er sich dabei nun selbst nicht an das Recht?

Überfall auf das germanische Lager

14 Caesar zieht mit seinem Heer gegen das Lager der Usipeter und Tenkterer; er legt die acht Meilen bis dorthin schneller zurück, als dass es die Germanen merken können. Durch das plötzliche Auftauchen der Römer überrascht und durch das Ausbleiben ihrer Führer und der Reiterei verwirrt, auch aufgrund der Unmöglichkeit, noch einen Kriegsrat abzuhalten und zu den Waffen zu greifen, geraten sie in Panik; sie wissen nicht, ob sie das Lager verteidigen oder sich durch Flucht retten sollen.
In dieser Situation brechen die römischen Soldaten in das Lager ein; wer noch schnell zu den Waffen greifen kann, setzt sich zur Wehr, zwischen den Wagen und dem Tross kämpfend. Die Übrigen, auch Frauen und Kinder – die Völker sind nämlich mit Kind und Kegel ausgewandert und über den Rhein gekommen – fliehen nach allen Richtungen. Caesar schickt ihnen die Reiterei nach.

15 Germani post tergum clamore audito,
    cum suos interfici viderent,
armis abiectis signisque militaribus relictis se ex castris eiecerunt et,
    cum ad confluentem Mosae et Rheni pervenissent,
5 reliqua fuga desperata, magno numero interfecto
reliqui se in flumen praecipitaverunt atque
ibi timore, lassitudine, vi fluminis oppressi perierunt.
Nostri ad unum omnes incolumes
perpaucis vulneratis ex tanti belli timore,

se eicere: herausstürzen – **confluens, -entis** m.: der Zusammenfluss
5 **reliqua fuga desperata:** sie gaben die Hoffnung auf weitere Flucht auf und ... –
se praecipitare: kopfüber stürzen, sich hinabstürzen – **lassitudo, -inis:** die Ermattung, Erschöpfung, Ermüdung – **ad unum omnes:** alle bis auf den letzten Mann; ausnahmslos alle – **incolumis, -e:** unversehrt, unverletzt

```
           cum hostium numerus capitum CCCCXXX milium fuisset,
10    se in castra receperunt.
      Caesar iis,
           quos in castris retinuerat,
      dicendi potestatem fecit.
15    Illi supplicia cruciatusque Gallorum veriti,
           quorum agros vexaverant,
      remanere se apud eum velle dixerunt.
      His Caesar libertatem concessit.
```

10 **numerus capitum CCCCXXX:** (Zahl von) 430 000 Mann
potestatem facere: die Gelegenheit geben
15 **supplicium, -i:** Strafe, Hinrichtung – **cruciatus, -us:** Folter, Qual – **vexare:** verwüsten, zerstören

Aufgaben zur Interpretation

1. Warum kann man Caesar wegen seiner „gnädigen" Haltung, die er gegenüber den gefangen gehaltenen Vertretern der Usipeter und Tenkterer zeigt, den Vorwurf des Zynismus machen?
2. In Rom hat man Caesar wegen völkerrechtswidrigen Verhaltens in diesem Fall anzuklagen versucht. Was war der Grund dafür? Warum kann man hier nicht von einem *bellum iustum* sprechen?
3. Ist der Vorwurf des Völkermords hier berechtigt? Begründen Sie Ihre Antwort. Ließen sich ähnliche Fälle aus der neueren Geschichte benennen?
4. Warum erwähnt Caesar überhaupt dieses Ereignis?

I Die Usipeter und Tenkterer waren beide Volksstämme der Rhein-Weser-Germanen am Niederrhein. Die Tenkterer, aus ihren Stammsitzen zwischen Lahn und Wupper von den Sueben vertrieben, gingen 56 v. Chr. über den Rhein und wurden dort zusammen mit den Usipetern von Caesar 55 v. Chr. geschlagen. Der Rest siedelte später zwischen Sieg und Lippe; er ging in den Franken, einem westgermanischen Stammesverband, auf.

Z „Seine Veranlagung hat Caesar instand gesetzt, gegen die Usipeter und Tenkterer das Völkerrecht zu brechen und diesen Germanenstamm treulos zu vernichten und das, was an Ehrwürdigem in der Lebensordnung Roms auch damals noch lebte, mit Füßen zu treten und mit teuflischen Mitteln zu zerstören."

Friedrich Klingner

16 Beschluss zum Rheinübergang

Germanico bello confecto
multis de causis Caesar statuit sibi Rhenum esse transeundum;
quarum illa fuit iustissima,
    quod,
5   cum videret Germanos tam facile impelli,
           ut in Galliam venirent,
       suis quoque rebus eos timere voluit,
           cum intellegerent et posse et audere populi Romani exercitum
           Rhenum transire.
10 Accessit etiam,
    quod illa pars equitatus Usipetum et Tencterorum,
       quam supra commemoravi praedandi frumentandique causa Mosam
           transisse neque proelio interfuisse,
    post fugam suorum se trans Rhenum in fines Sugambrorum
15 receperat seque cum his coniunxerat.
    Ad quos cum Caesar nuntios misisset,
       qui postularent, eos,
           qui sibi Galliaeque bellum intulissent,
       sibi dederent,
20 responderunt:
Populi Romani imperium Rhenum finire;
   si se invito Germanos in Galliam transire non aequum existimaret,
cur sui quicquam esse imperii aut potestatis trans Rhenum postularet?
Ubii autem,
25   qui uni ex Transrhenanis ad Caesarem legatos miserant,
amicitiam fecerant, obsides dederant, magnopere orabant
    ut sibi auxilium ferret,
       quod graviter ab Suebis premerentur:

iustus h.: berechtigt, triftig
5 **suis rebus timere:** um ihr eigenes Wohl fürchten – **cum** (*intellegerent*): wenn (Konj. wegen innerer Abh.)
10 **accedit, quod:** es kommt hinzu, dass – Ⓚ *quam ... interfuisse*: in AcI verschränkter Rel.-Satz – **commemorare:** erwähnen – **praedari:** Beute machen – **frumentari:** Getreide holen – **Mosa, -ae:** die Maas (Nebenfluss des Rheins)
15 Ⓚ *postularent, <ut> eos ... dederent* – Ⓚ *<ii> responderunt*
20 Ⓚ *aequum <esse>* – Ⓚ Ordne: *cur postularet* (h. m. AcI) *quicquam sui imperii aut potestatis trans Rhenum esse?*
25 Ⓚ *uni*: präd. – **Transrhenani, -orum:** rechtsrheinische Stämme – **premere:** bedrängen

Aufgaben zur Interpretation

1. Welche Gründe zur Überschreitung des Rheins führt Caesar an?
2. Hat er dazu ein Recht? Welche Antwort erhält er von Seiten der Germanen dazu?
3. Welche Rolle spielt dabei der Wertbegriff „gerecht"?

Vel, si id facere occupationibus rei publicae prohiberetur,
exercitum modo Rhenum transportaret;
   id sibi ad praesens auxilium spemque reliqui temporis satis futurum.
Tantum esse nomen atque opinionem eius exercitus Ariovisto pulso
et hoc novissimo proelio facto etiam ad ultimas Germanorum nationes,
   ut opinione et amicitia populi Romani tuti esse possint.
Navium magnam copiam ad transportandum exercitum pollicebantur.

Ⓚ 28-33 *Vel, si ..., ... possint*: Or. obl. (abh. von einem aus *orabant* zu erschließenden Verbum des Sagens) – **occupationes rei publicae:** politische Verpflichtungen
30 **ad praesens:** für den Augenblick – **reliquum tempus:** Zukunft – **satis esse ad:** genug sein für; Ⓚ *satis ... futurum <esse>* – **opinio, -onis** h.: gute Meinung, Ruhm – **novissimum proelium:** der letzte Kampf

AUFGABEN ZUR INTERPRETATION

1. Worüber beklagen sich die Ubier? In welchem Verhältnis stehen sie zu den Römern? Was dürfen sie von diesen erwarten?
2. Warum lässt Caesar die Ubier seinen Sieg über Ariovist anführen? Was hat er angeblich durch diesen bei den Germanen erreicht?
3. Wozu erhält Caesar durch das Verlangen der Ubier eine Handhabe? Wie soll sein Übergang über den Rhein von den römischen Lesern beurteilt werden?

Bau der Rheinbrücke

Caesar will sein Heer über den Rhein führen; bis dahin ist noch nie eine Brücke über den Fluss geschlagen worden.

Eine Brücke über den Rhein, Kupferstich von Lodovico Pogliaghi, 19. Jh.

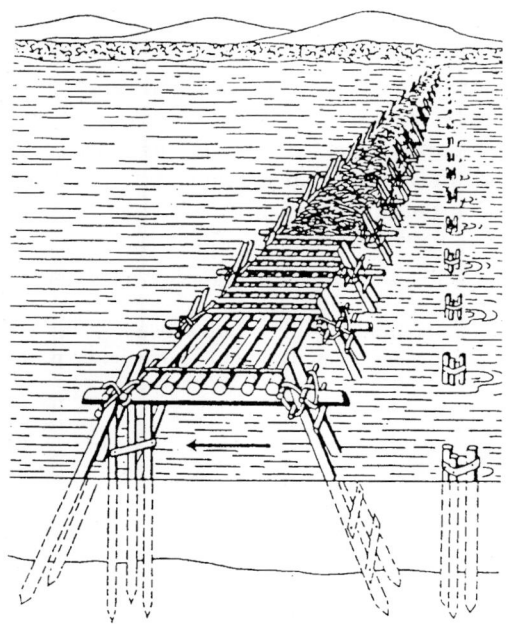

Nach Caesars Beschreibung kann man sich die Konstruktion der Rheinbrücke so wie in dieser Zeichnung vorstellen.

Inwiefern trifft die Darstellung auf dem Stich von Pogliaghi nicht auf Caesars Beschreibung zu? Welche Absicht verfolgte wohl Pogliaghi mit seiner Veranschaulichung dieses Brückenbaus?

Die Brücke baute er auf folgende Art: Je zwei anderthalb Fuß dicke, unten ein wenig zugespitzte Balken in Länge der Flusstiefe ließ er in einem Zwischenraum von zwei Fuß miteinander verbinden, mit Maschinen in das Flussbett einsetzen und mit Rammböcken in den Grund treiben, nicht senkrecht wie gewöhnliche Brückenpfähle, sondern schräg nach vorn, sodass sie zur Flussrichtung hin standen. Diesen gegenüber ließ er genauso zwei in gleicher Weise verbundene Balken in einem Zwischenraum von vierzig Fuß auf der stromabwärts gelegenen Seite, gegen die starke Flussströmung hin geneigt, einrammen. Diese Pfahlpaare wurden durch oben eingelassene Querbalken – sie waren zwei Fuß dick – in der Weite, in der die verbundenen Pfähle voneinander abstanden, auf beiden Seiten mittels Klammerpaaren am Ende auseinandergehalten. Da sie in dieser Art auseinandergespannt und in der entgegengesetzten Richtung zusammengehalten wurden, war die Anlage so fest und von Natur aus so eingerichtet, dass, je stärker der Andrang des Wassers war, desto fester zusammengepresst die Balken zusammengehalten wurden. Sie wurden durch der Länge nach aufgelegte Balken verbunden und mit Bohlen und Faschinen bedeckt. Zu alledem wurden noch Balken ebenfalls schräg nach der unteren Flussseite gezogen, welche, wie Mauerbrecher vorgeschoben und mit dem ganzen Bau verbunden, die Gewalt des Stromes abfingen. Außerdem wurden ebenso andere oberhalb der Brücke in mäßiger Entfernung eingerammt, damit durch diese Wellenbrecher, wenn Stämme und Schiffe zur Zerstörung des Baues von den Barbaren stromabwärts geschickt würden, deren Anprall abgeschwächt und der Brücke kein Schaden zugefügt werde.

Welche Fähigkeiten muss man – nach dieser Beschreibung – den Ingenieuren in Caesars Heer zuschreiben?

Der Rückzug

8–9

Der Bau der Rheinbrücke dauerte zehn Tage; dann führte Caesar das Heer über den Fluss. Von den germanischen Stämmen kamen sofort einige, um die römische „Freundschaft" zu erbitten. Caesar zog bald in das Gebiet des mächtigsten Stammes, der Sueben. Diese hatten allerdings ihre festen Orte verlassen, Frauen und Kinder in den Wäldern versteckt und erwarteten an einem bestimmten Ort die Römer zur Entscheidungsschlacht.

>   Quod ubi Caesar comperit,
> omnibus rebus confectis,
>   quarum rerum causa traducere exercitum constituerat,
>   ut Germanis metum iniceret,
> 5   ut Sugambros ulcisceretur,
>   ut Ubios obsidione liberaret,
> diebus omnino decem et octo trans Rhenum consumptis
> satis et ad laudem et ad utilitatem populi Romani profectum arbitratus
> se in Galliam recepit pontemque rescidit.

comperire (comperi, compertum): erfahren – Ⓚ Die drei *ut*-Sätze sind explikativ; sie enthalten die Gründe für den Entschluss den Rhein zu überschreiten.

5 **obsidio, -onis:** Belagerung, h. Bedrohung – **omnino** (Adv.): überhaupt, ingesamt – **proficere:** erreichen; Ⓚ *profectum <esse>* – **rescindere (rescidi):** abreißen, einreißen

Aufgaben zur Interpretation

1. Was sollte die römische Ingenieurleistung bei den Germanen bewirken?
2. Inwiefern sah Caesar keinen Grund, länger als 18 Tage jenseits des Rheins zu verweilen? Was könnte man ihm wegen des schnellen Rückzugs unterstellen?

> „Auch seinen ersten Rheinübergang wollte Caesar propagandistisch wirkungsvoll gestalten: Er war ja kein fliehender Germanenfürst, und so erbaute er die Pfahljochbrücke. Zehn Tage nach der Besorgung des Bauholzes war das Kunstwerk einsatzbereit und erlaubte es dem Heer, trockenen Fußes den Fluss zu besiegen und gleichsam mit Ruhm bedeckt das rechte Ufer zu erreichen. Achtzehn Tage später kehrte es zurück, überquerte wiederum den Rhein und riss die Brücke ab ... Caesar hatte nie die Absicht, Germanien zu erobern."
>
> Charles-Marie Ternes „Römisches Deutschland" (1986)

3. Worin liegt die propagandistische Wirkung, die Caesar mit dem Rheinübergang anstrebte?
4. Aus welcher Äußerung des übersetzten Textes lässt sich entnehmen, dass von Caesar eine Eroberung Germaniens nicht beabsichtigt war?

Der Griff nach Britannien

> „Nach dem vorzeitig beendeten Germanenfeldzug sah Caesar sich, trotz der vorgerückten Jahreszeit (Ende Juli 55 v. Chr.) erneut, jetzt sogar in verstärktem Maße, vor die Aufgabe gestellt, ein spektakuläres Unternehmen zu beginnen."
>
> Ulrich Maier

Unterstützung der gallischen „Résistance" von der Insel aus

20–23 Von Britannien her wurde den rebellischen Galliern immer Unterstützung gegen die Römer geboten; auf diese Weise wurde die „Résistance" verschärft und verlängert. Der römische General wollte diese Gefahrenquelle ausschalten; deshalb entschloss er sich, trotz fortgeschrittener Jahreszeit auf die Insel überzusetzen. Zumindest konnte er in diesem Jahr noch die Orte, Häfen und Zugänge genau kennenlernen. Er schickte einen Erkundungstrupp unter C. Volusenus voraus und zog alle vorhandenen Schiffe im Gebiet der Moriner zusammen. Die Britannen, die inzwischen von Caesars Absicht erfahren hatten, schickten Gesandte, die ihre Bereitschaft zur Unterwerfung unter das *imperium populi Romani* erklären sollten. Er schickte diese zusammen mit seinem Vertrauten Commius zurück, der die Bedingungen für einen „Freundschaftsvertrag" (*fidem sequi*) aushandeln sollte. Volusenus kehrte mit den Ergebnissen seiner Erkundung nach fünf Tagen zurück.

22 Währenddessen kam von den Morinern die Beteuerung einer dauerhaften Befolgung der römischen Befehle. Caesar konnte also mit der Gewissheit, dass das Rückzugsgebiet gesichert sei, zu einer Expedition aufbrechen. Mit insgesamt 148 Lastschiffen (*naves onerariae*) setzte er seine Legionen über, dazu kamen auch noch alle verfügbaren Kriegsschiffe (*naves longae*). Den Hafen, von dem aus er aufbrach, ließ er durch P. Sulpicius Rufus schützen.

Landung der römischen Truppen in Britannien
Miniatur aus einem Codex der Bibliotheca Marciana, Venedig

Die Landung auf der Insel

His constitutis rebus
nactus idoneam ad naviga-
dum tempestatem
tertia fere vigilia
5 naves solvit equitesque
in ulteriorem portum progredi
et naves conscendere et se sequi
iussit.
    A quibus cum paulo tardius
10   esset administratum,
ipse hora circiter diei quarta
cum primis navibus
Britanniam attigit
atque ibi in omni-
15 bus collibus ex-
positas hostium
copias armatas
conspexit.
Cuius loci haec
20 erat natura atque
ita montibus an-
gustis mare conti-
nebatur,
    ut ex locis
25   superioribus
   in litus telum
   adigi posset.
Hunc ad egredi-
endum nequaquam
30 idoneum locum arbitratus,
   dum reliquae naves
   eo convenirent,
ad horam nonam in an-
coris exspectavit.
35 Interim legatis tribunisque
militum convocatis,

   et quae ex Voluseno cog-
   nosset et quae fieri vellet,
ostendit monuitque,
40   ut res maritimae postularent,

Als er nach diesen Maßnahmen
einen zum Segeln günstigen Wind
bekommen hatte,
stach er ungefähr zur dritten
Nachtwache in See und
ließ die Reiterei zum entfernter
gelegenen Hafen ziehen,
an Bord gehen und ihm folgen.
    Da von diesen ein wenig zu nach-
lässig gehandelt worden war,
erreichte er etwa zur vierten Ta-
gesstunde mit den ersten Schiffen
Britannien
und erblickte dort
auf allen Hügeln
in Stellung ge-
brachte feindliche
bewaffnete Truppen.
Das Gelände war hier
so beschaffen und das
Meer so eng von
Bergen einge-
schlossen,
    dass man von den
   höheren Stellen
   bis zur Küste herab-
   schießen konnte.
Da er diese Stelle zum
Anlanden keineswegs
für geeignet hielt, wartete er,
   bis die restlichen Schiffe
   dorthin gelangten,
bis zur neunten Stunde vor
Anker.
Inzwischen holte er alle Legaten und
Tribunen zusammen,
teilte ihnen mit,
   was er von Volusenus erfahren
   hatte und was geschehen sollte,
und ermahnte sie,
   sie sollten, wie es eben die
Verhältnisse zur See erforderten,

Die Küste bei Dover

23

ut,	
cum celerem atque instabilem	da ihnen eine rasche und unstete
motum haberent,	Bewegung eigen sei,
45 ad nutum et ad tempus omnes res	alle Maßnahmen auf jeden Wink hin
ab iis administrarentur.	und rechtzeitig ausführen.

His dimissis et ventum et
aestum uno tempore
50 nactus secundum
dato signo
et sublatis ancoris
circiter milia passuum septem
ab eo loco progressus
55 aperto ac plano litore
naves constituit.

Als er nach deren Entlassung
zugleich einen günstigen Wind
und Wellengang bekam,
gab er das Zeichen zum Aufbruch,
ließ die Anker lichten,
fuhr ca. sieben Meilen von dieser
Stelle aus weiter
und ließ die Schiffe an einem
offenen und flachen Strand vor
Anker gehen.

Aufgaben zur Interpretation

1. In der Caesar-Biografie des römischen Historikers Sueton kann man Folgendes lesen: „Nach Britannien soll er in der Hoffnung, dort Perlen zu finden, gegangen sein, ... Gemmen, getriebene Gefäße von edlem Metall, Statuen und Gemälde kaufte er, wie man berichtet, stets mit leidenschaftlichem Eifer ein ..."
Welchen Grund nennt Caesar selbst, weshalb er zu so später Jahreszeit noch nach Britannien will? Was könnte der Grund für Suetons Annahme sein? (Kap. 20 - 21).
2. Welche Beschreibung der Küste Britanniens in Kap. 23 passt zum Bild auf S. 73?

Ein höchst schwieriges Unternehmen

24

At barbari consilio Romanorum cognito
praemisso equitatu et essedariis,
  quo plerumque genere in proeliis uti consueverunt,
reliquis copiis subsecuti nostros navibus egredi prohibebant.
5 Erat ob has causas summa difficultas,
  quod naves propter magnitudinem nisi in alto constitui non poterant,

---

Ⓚ *consilio ... cognito*: Abl. abs. – **praemittere:** vorausschicken – Ⓚ *praemisso equitatu et essedariis*: Abl. abs.; das Partizip *praemisso* ist auf beide Ablative zu beziehen. – **essedarius, -i** (kelt.): Wagenkämpfer (Lenker eines *essedum*, s. Abb. S. 82) – **quo genere:** eine Truppengattung, die ... (Abl. abh. von *uti*) – **subsequi:** jdm. (unmittelbar) folgen
5 **nisi ... non:** nur – **altum, -i:** die hohe See

militibus autem
ignotis locis, impeditis manibus, magno et gravi onere armorum pressis
10 simul et de navibus desiliendum et in fluctibus consistendum et cum hostibus erat pugnandum,
    cum illi
    aut ex arido aut paulum in aquam progressi,
    omnibus membris expeditis, notissimis locis
15   audacter tela conicerent
    et equos insuefactos incitarent.

Ⓚ 7 ff. *militibus*: Dat. auct. zu *desiliendum* ... – Ⓚ 8 *ignotis locis, impeditis manibus*: nominale Wendungen im Abl. abs. (Umstandsangaben)
10 **desilire:** herabspringen – **consistere:** sich hinstellen, h. festen Fuß fassen – **ex arido:** vom trockenen Land aus – Ⓚ *omnibus membris expeditis, notissimis locis*: nominale Wendungen im Abl. abs. (Umstandsangaben!) – **expeditus:** unbehindert
15 **insuefactus:** daran gewöhnt, trainiert – **incitare:** antreiben

Die schwierige Landung in Britannien. Mittelalterliche Buchillustration

24 Quibus rebus nostri perterriti atque huius omnino generis pugnae imperiti
non eadem alacritate ac studio,
20 quo in pedestribus uti proeliis consueverant,
utebantur.

alacritas ac studium (Hendiadyoin): Begeisterung und Einsatzfreude, begeisterter Einsatz –
20 **proelium pedestre:** ein Kampf zu Lande

Rekonstruktion eines römischen Kriegsschiffs
(*navis longa*), Mainz, Museum für Antike Schifffahrt

25 Quod ubi Caesar animadvertit,
naves longas,
quarum et species erat barbaris inusitatior et motus ad usum expeditior,
paulum removeri ab onerariis navibus et remis incitari et

navis longa: Kriegsschiff – Ⓚ Verbinde: *quarum et species ... et motus* – **species, -ei** h.: Aussehen – **inusitatus:** ungewöhnlich – **motus, -us:** Beweglichkeit – **ad usum** h.: beim Manövrieren – **expeditus** h.: leicht – **removeri:** sich entfernen, sich absetzen – **onerariae naves:** Lastschiffe – **remus, -i:** Ruder

5 ad latus apertum hostium constitui atque inde
fundis, sagittis, tormentis hostes propelli ac submoveri iussit;
quae res magno usui nostris fuit.
Nam et navium figura et remorum motu et inusitato genere tormentorum
permoti barbari constiterunt ac paulum modo pedem rettulerunt.
10 At nostris militibus cunctantibus maxime propter altitudinem maris,
    qui decimae legionis aquilam ferebat,
  obtestatus deos,
    ut ea res legioni feliciter eveniret,

---

5 **naves constituere:** die Schiffe vor Anker gehen lassen – **funda, -ae:** Schleuder – **sagitta, -ae:** Pfeil – **tormentum, -i:** (aus einem Geschütz) geschleudertes Geschoss – **propellere:** verjagen – **submovere:** zurückdrängen – **usui esse:** von Nutzen / nützlich sein – **consistere:** sich hinstellen, stehenbleiben – **modo** (Adv.): nur, wenigstens – **pedem referre:** sich zurückziehen –
10 Ⓚ 12 ff. <*is*>, *qui ... ferebat, ... obtestatus ... inquit* – **aquila, -ae:** der Adler (wichtigstes Feldzeichen der römischen Legion) – **obtestari:** anflehen – **feliciter evenire:** einen glücklichen Ausgang nehmen

Der Holzschnitt aus dem 19. Jh. fängt den in Kap. 25 geschilderten Kulminationspunkt ein.

25

„Desilite", inquit, „commilitones,
nisi vultis aquilam hostibus prodere!
Ego certe meum rei publicae atque imperatori
officium praestitero."
Hoc cum magna voce dixisset,
se ex nave proiecit atque in hostes aquilam ferre coepit.
Tum nostri cohortati inter se,
ne tantum dedecus admitteretur,
universi ex navi desiluerunt.
Hos item ex proximis navibus cum conspexissent,
subsecuti hostibus appropinquaverunt.

commilito, -onis (*miles*): Kamerad
15 **aquila, -ae:** Adler, Legionsadler – **praestitero** ~ *praestabo* – **se proicere:** sich hinabstürzen, herabspringen
20 **dedecus, -oris:** Schande – **admittere:** zulassen – **universi:** alle (zusammen) – Ⓚ <*milites*> *ex proximis navibus cum hos conspexissent, item ...* – **subsequi:** jdm. (unmittelbar) folgen

Aufgaben zur Interpretation

1. Worin besteht die „höchste Schwierigkeit" für die Römer bei der Landung in Britannien? (Kap. 24)
2. Welche persönlichen Fähigkeiten aktiviert Caesar, um die schwierige Situation zu meistern? Worauf ist er aber angewiesen? (Kap. 25)
3. Warum verwendet Caesar, um den Adlerträger der 10. Legion zu Wort kommen zu lassen, die direkte Rede? An welche Gefühle appelliert er? (Kap. 25)
4. Suchen Sie Wendungen und Ausdrücke im lateinischen Text, die den Schöpfer des Holzstichs aus dem 19. Jh. (S. 77) zu seinem Werk inspiriert haben.

26–27

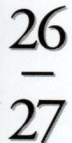

Die römischen Soldaten gerieten in Verwirrung, da es im hohen Wasser schwierig war, das eigene Feldzeichen zu finden. Sobald sie an Land gingen, wurden sie von britannischen Soldaten angegriffen. Nachdem Caesar ihnen Hilfsboote geschickt hatte, konnten die Feinde in die Flucht geschlagen werden. Sie konnten jedoch nicht verfolgt werden, da die Reiterei die Insel noch nicht erreicht hatte. *Hoc unum ad pristinam fortunam Caesari defuit.* Die besiegten Britannen baten um Frieden und waren bereit, alle Bedingungen dafür zu erfüllen. Caesar schloss mit den Feinden trotz der rechtswidrigen Gefangennahme des Commius, den er zu ihnen geschickt hatte, einen „Freundschaftspakt".

Eine Naturkatastrophe und ihre Folgen

28 Mit den Britannen war Frieden geschlossen; als sich die römischen Schiffe mit den Reitern endlich der Insel näherten, brach plötzlich ein so gewaltiger Sturm aus, dass das Geschwader völlig zerschlagen wurde; keines der Schiffe konnte seinen Kurs halten; die einen wurden zurückgeworfen, die anderen auf einen anderen Teil der Insel verschlagen. Diese wurden, obwohl sie die Anker geworfen hatten, mit Wassermassen angefüllt, sodass sie noch in der Nacht wieder auf das Festland zurückkehren mussten.

29 In derselben Nacht traten bei Vollmond Springfluten auf, ein den Römern unbekanntes Naturereignis, sodass die Transport- und Lastschiffe durch die Flut fast völlig vernichtet wurden.

Compluribus navibus fractis
    reliquae cum essent funibus, ancoris reliquisque armamentis
    amissis ad navigandum inutiles,
magna,
5   id quod necesse erat accidere,
totius exercitus perturbatio facta est.

Ⓚ Ordne: *Cum reliquae <naves> ... ad navigandum inutiles essent* – **funis, -is:** Tau – **armamenta, -orum:** Takelwerk, Segel

5 **id quod ...:** was (bezieht sich auf den ganzen Inhalt des übergeordneten Satzes) – **perturbatio, -onis:** Bestürzung, Panik

29

   Neque enim naves erant aliae,
      quibus reportari possent,
   et omnia deerant,
10   quae ad reficiendas naves erant usui,
   et,
      quod omnibus constabat hiemare in Gallia oportere,
   frumentum his in locis in hiemem provisum non erat.

10 **reficere:** wiederherstellen, ausbessern – **usui esse:** von Nutzen / nützlich sein – **hiemare:** überwintern – **providere alqd** h.: etwas beschaffen

Aufgaben zur Interpretation

1. Wodurch ergeben sich für Caesars Unternehmen neue Schwierigkeiten?
2. Wie wirken sich diese auf die Moral seiner Soldaten aus? (Kap. 28 und 29)

30

Quibus rebus cognitis principes Britanniae,	Nach Bekanntwerden dieser Vorgänge besprachen sich die Fürsten von Britannen,
qui post proelium ad Caesarem convenerant,	die nach der Schlacht zu Caesar gekommen waren,
5 inter se collocuti,	miteinander und,
cum et equites et naves et frumentum Romanis deesse intellegerent et paucitatem militum ex castrorum	da sie erkannten, dass Reiter, Schiffe und Getreide den Römern fehlten und sie auf eine geringe Zahl von Soldaten aus dem
10 exiguitate cognoscerent,	kleinen Lager schlossen,
quae hoc erant etiam angustiora,	welches umso enger angelegt war,
quod sine impedimentis Caesar	weil Caesar ohne Tross
15 legiones transportaverat,	die Legionen übergesetzt hatte,
optimum factu esse duxerunt rebellione facta frumento commeatuque nostros prohibere	hielten sie es für das Beste, den Kampf wiederaufzunehmen, unsere Leute von der Getreidezufuhr abzuschneiden
20 et rem in hiemem producere,	und das Unternehmen bis in den Winter hineinzuziehen;
quod his superatis aut reditu interclusis neminem postea belli inferendi causa	sie glaubten nämlich zuversichtlich, dass, wenn diese besiegt oder von der Rückkehr abgeschnitten seien, niemand mehr

25	in Britanniam transiturum confidebant.	später in kriegerischer Absicht nach Britannien übersetzen werde.
	Itaque rursus coniuratione facta paulatim ex castris discedere	Sie verschworen sich also wieder und begannen allmählich, sich aus dem Lager zu entfernen
30	et suos clam ex agris deducere coeperunt.	und ihre Leute heimlich wieder von der Feldarbeit zu holen.

31

At Caesar
  etsi nondum eorum consilia cognoverat,
tamen et ex eventu navium suarum et ex eo,
  quod obsides dare intermiserant,
5 fore id,
    quod accidit,
suspicabatur.
Itaque ad omnes casus subsidia comparabat.
Nam et frumentum ex agris cottidie in
10 castra conferebat
et,
  quae gravissime afflictae erant naves,
earum materia atque aere ad reliquas
reficiendas utebatur
15 et,
  quae ad eas res erant usui,
ex continenti comparari iubebat.
Itaque,
  cum summo studio a militibus
20   administraretur,
XII navibus amissis,
  reliquis ut navigari commode posset,
effecit.

---

    eventus, -us h.: Schicksal – **ex eo, quod** ...: aus dem Umstand, dass – **obsides, -um:** Geiseln – **intermittere** h.: unterbrechen

5 **subsidia, -orum:** (Hilfs-) Mittel – **subsidia comparare** (~ *parare*) h.: Vorkehrungen treffen

10 **conferebat** (kausativ): er ließ ... – Ⓚ Ordne: *materia et aere earum navium, quae ... afflictae erant ..., ... utebatur* – **affligere:** beschädigen – **materia, -ae:** Bauholz – **reficere:** wiederherstellen, ausbessern

15 Ⓚ *<ea>, quae* – **usui esse:** von Nutzen sein – **comparare** h.: herbeischaffen

20 **administrare** h.: den Dienst verrichten, zu Werke gehen – **XII** = *duodecim* – Ⓚ *ut reliquis commode navigari posset* – **commodus** h.: günstig, gefahrlos

Aufgaben zur Interpretation

1. Wie reagieren die Britannen auf das Unglück, das den Römern durch das Unwetter zustößt? Wie lässt sich deren Verhalten beurteilen?
   Mit welchen Ausdrücken aus dem Text lässt sich das belegen? (Kap. 30)
2. Zu welchen Überlegungen und Maßnahmen sieht sich daraufhin Caesar veranlasst? Zu welchem Ergebnis kommt er?
3. In welche Abschnitte lässt sich der Text dieses Kapitels gliedern?
   Mit welchen Wörtern sind die einzelnen Teile miteinander verbunden?
   Stellen Sie alle Prädikate in Kap. 31 zusammen. Welche Tempora herrschen vor?
   Was soll das Perfekt *effecit* (Kap. 31,19) gegenüber den vorausgehenden Imperfekta zum Ausdruck bringen?
4. Inwiefern trifft es zu, dass dieses Kapitel eine Erfolgsmeldung an die Leser in Rom enthält? Welche Faktoren wirken beim Zustandekommen dieses Erfolgs zusammen?

32–33 Inzwischen war die 7. Legion, die zum Getreideholen ausgeschickt worden war, von den Britannen überfallen worden, während die Soldaten gerade mit dem Abmähen des Getreides beschäftigt waren. Es entwickelte sich zwischen ihnen und den Britannen ein erbitterter Kampf. Die Britannen führten diesen von ihrem keltischen Streitwagen, dem *essedum*, aus.

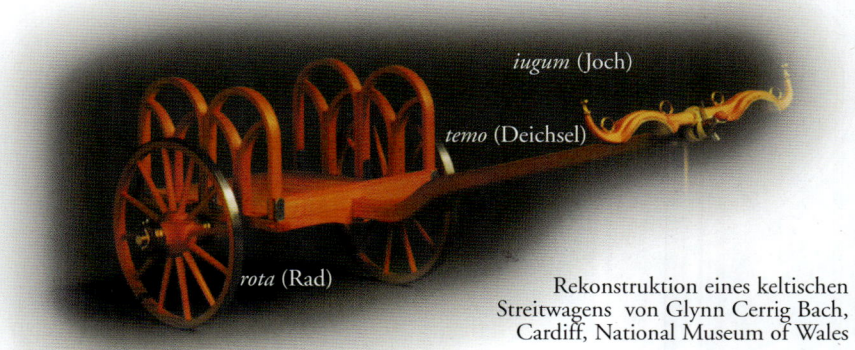

Rekonstruktion eines keltischen Streitwagens von Glynn Cerrig Bach, Cardiff, National Museum of Wales

Der Rückzug auf das Festland

34–36 Caesar konnte seiner bedrängten Legion Hilfe bringen und sie ins Lager zurückführen. Da noch einige Sturmtage eine Rückkehr verhinderten, starteten die Barbaren einen weiteren Versuch, sich für immer von der römischen Gefahr zu befreien. Caesar stellte sich dem erneuten Angriff und schlug die Britannen in die Flucht. Er verfolgte sie, überwältigte einige von ihnen, steckte deren Häuser in Brand und kehrte dann ins Lager zurück. Erneut wurde ein Frieden geschlossen. Caesar wollte nicht in die Winterstürme hineinkommen und brachte bei günstigem Wind seine Schiffe zum Festland.

Zusammenfassende Deutung der Britannenexkursion

1. Caesars Fahrt nach Britannien wird häufig als erster Versuch von Festlandsbeherrschern verstanden, die Insel zu erobern.
   Woraus geht hervor, dass Caesar keine Eroberungsabsichten hatte?
2. „Die Resultatlosigkeit dieser Expedition veranlasste Caesar, für das nächste Jahr eine neue zu planen und sorgfältiger vorzubereiten." (Hans Oppermann)
   Welche Ergebnisse brachte die Britannienexkursion für die Römer?
   Welche Schlüsse konnte Caesar aus seinem Unternehmen ziehen?
3. „War das Ergebnis der Exkursion auch mager, so war der Eindruck, den dieser Vorstoß auf die sagenhafte Insel in Rom machte, ungeheuer groß. Wieder beschloss der Senat ein lang andauerndes Dankfest." (Helga Gesche)
   Worin bestand der Eindruck, den Caesars Britannienexkursion machte?

I Ausschnitt aus der Erdkarte: Weltbild des griechischen Geografen Ptolemaeus (150 n. Chr.)

Britannien war das westliche Ende der bekannten Welt.
Außer der Existenz der Insel war den Mittelmeeranwohnern bis zu Caesar kaum etwas über sie bekannt.
Seit dem 1. Jh. v. Chr. hatten die Kelten vom Festland her die Randgebiete Britanniens besiedelt.

Was hat sich Caesar bei seinem Griff nach Britannien zugetraut und zugemutet?

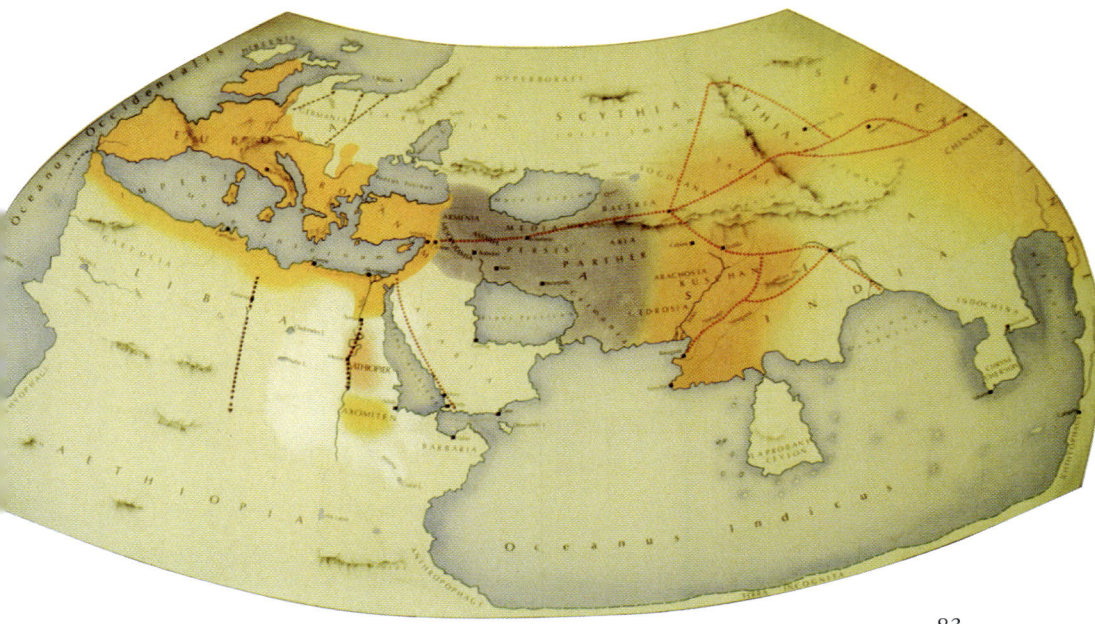

Liber Quintus

Dumnorix – Symbolfigur des gallischen Widerstands

Seehafen, Illustration aus einer Caesar-Ausgabe von 1889

1/5 Caesar will seinen Machteinfluss in Britannien stärken. Dafür rüstet er noch im Winter eine neue Flotte, mit der er im Frühjahr des nächsten Jahres wieder auf die Insel übersetzt. Um Widerständen, die während seiner Abwesenheit in Gallien entstehen könnten, vorzubeugen, beabsichtigt er, die Führer der gallischen Stämme mitzunehmen. Er lässt sie zum Hafen von Itius kommen. Doch einer widersetzt sich: Dumnorix, der schon aus dem Helvetierkrieg (↗ S. 36 f.) als widerspenstiger Gallier bekannt ist.

Unruhestifter im Untergrund

6 Erat una cum ceteris Dumnorix Haeduus,
    de quo a nobis antea dictum est.
Hunc secum habere in primis constituerat,
    quod eum cupidum rerum novarum, cupidum imperii,
5   magni animi, magnae inter Gallos auctoritatis cognoverat.
Accedebat huc,
    quod iam in concilio Haeduorum Dumnorix dixerat
      sibi a Caesare regnum civitatis deferri;

una cum: gemeinsam mit – **in primis** - *imprimis* – **cupidus rerum novarum:** nach Umsturz begierig, auf Umsturz sinnend

5 Ⓚ *magni animi, magnae ... auctoritatis*: Gen. qual. – **accedit huc, quod:** es kommt dazu, dass – **concilium, -i:** Versammlung – **regnum deferre:** die Herrschaft antragen

6

10 quod dictum Haedui graviter ferebant neque recusandi aut
    deprecandi causa legatos ad Caesarem mittere audebant.
    Id factum ex suis hospitibus Caesar cognoverat.
    Ille omnibus primo precibus petere contendit,
        ut in Gallia relinqueretur,
15   partim quod insuetus navigandi mare timeret,
            partim quod religionibus impediri sese diceret.
        Posteaquam id obstinate sibi negari vidit,
    omni spe impetrandi adempta
    principes Galliae sollicitare, sevocare singulos hortarique
20 coepit,
        uti in continenti remanerent;
    metu territare:
        Non sine causa fieri,
        ut Gallia omni nobilitate spoliaretur;
25   *id esse consilium Caesaris,*
        ut,
            quos in conspectu Galliae interficere vereretur,
            hos omnes in Britanniam traductos necaret.
    Fidem reliquis interponere, ius iurandum poscere,
30   ut,
            quod esse ex usu Galliae intellexissent,
            communi consilio administrarent.
    Haec a compluribus ad Caesarem deferebantur.

---

10 **recusare** h.: protestieren – **deprecari** h.: durch Bitten abwenden – Ⓚ *factum <esse>*
15 **insuetus** (mit Gen.): nicht gewöhnt (an) – **religio, -onis**: religiöses Bedenken, religiöse Verpflichtung – **posteaquam** - *postquam* – **obstinate** (Adv.): hartnäckig, entschieden – **impetrare**: erreichen, durchsetzen – **adimere (ademi, ademptum)**: wegnehmen, nehmen – **sollicitare**: aufwiegeln, aufhetzen – **sevocare** (*vocare*): beiseitenehmen, zu sich holen
20 **territare** (*terrere*): in (nachhaltigen) Schrecken versetzen; Ⓚ *territare*: hist. Infinitiv – Ⓚ 23-28: *Non sine ... necaret*: Or. obl.
25 Ⓚ *ut hos omnes ..., quos* – **conspectus, -us** (*conspicere*): Anblick – **traducere**: hinüberführen – **fidem interponere**: sein Wort geben – Ⓚ *interponere, poscere*: hist. Inf.
30 Ⓚ *quod esse ... intellexissent*: in AcI verschränkter Rel.-Satz – **ex usu alcs. esse**: zu jds. Nutzen sein – **administrare**: ausführen, verrichten – **deferre**: hinterbringen, melden

Aufgaben zur Interpretation

Dumnorix wird im 1. Buch wie folgt charakterisiert:

principatum in civitate obtinebat ac maxime plebi acceptus erat (1.3)	Er hatte die Führerschaft in seinem Stamm inne und war beim Volk sehr angesehen.
gratia et largitione apud Sequanos plurimum poterat (1.9)	Er hatte wegen seiner Beliebtheit und Freigiebigkeit höchsten Einfluss bei den Sequanern.

facultates ad largiendum magnas comparasse (1.18)	Er habe sich große Möglichkeiten zur Bestechung verschafft.
summa audacia, cupidum rerum novarum esse (1.18)	Er sei von höchster Dreistigkeit und begierig auf einen Umsturz.
odisse suo nomine Caesarem et Romanos (1.18)	Er hasse Caesar und die Römer von sich aus.

1. Warum will Caesar Dumnorix unbedingt bei sich haben?
   Vergleichen Sie die Charakterzüge des Haeduers in Buch 5 mit den Angaben dazu in Buch 1. Wie handelt Dumnorix und mit welchen Mitteln?
2. Warum stellt Caesar Dumnorix so genau dar?
   Was lässt sich aus Dumnorix' Charakter und Verhalten im Hinblick auf den weiteren Handlungsverlauf schließen?
3. Inwiefern ist Dumnorix ein Widerstandskämpfer?

Münzbild des Dumnorix,
1. Hälfte des 1. Jh. v. Chr.,
Zürich, Schweizerisches Landesmuseum

> „Dumnorix war immerhin Mitglied eines mit Rom seit sechzig Jahren in freundschaftlicher Beziehung stehenden Stammes, den zu schützen der Senat wenige Jahre zuvor ausdrücklich angeordnet hatte."
> Bernhard Kremer, Das Bild der Kelten bis in die augusteische Zeit (1994)

Der Tod des Rebellen

7 Caesar muss dafür sorgen, dass Dumnorix in seinem Wahnsinn weder ihm noch dem römischen Staat Schaden zufügen kann:

> *Quod longius amentiam eius progredi videbat,*
> *sibi prospiciendum arbitrabatur,*
> *ne quid sibi ac rei publicae nocere posset.*

In dieser Formulierung klingt der Satz des römischen Notstandsgesetzes an:

> *Videant consules, ne quid detrimenti capiat res publica!*
> „Die Konsuln sollen zusehen, dass der Staat keinen Schaden erleide!"

Was will Caesar mit diesem Anklang bei seinen Lesern erreichen?
Was bedeutet es, wenn Caesar sich selbst auf die gleiche Stufe mit dem Staat stellt?

Dumnorix wird im römischen Lager unter Bewachung gestellt. Als Caesars Reiter die Schiffe besteigen, ereignet sich Folgendes:

7

Dumnorix cum equitibus Haeduorum a castris insciente Caesare
domum discedere coepit.
Qua re nuntiata
Caesar intermissa profectione atque omnibus rebus
5 postpositis
magnam partem equitatus ad eum insequendum mittit
retrahique imperat:
   si vim faciat neque pareat,
interfici iubet,
10 nihil hunc se absente pro sano facturum arbitratus,
   qui praesentis imperium neglexisset.
Ille autem revocatus resistere ac se manu defendere
suorumque fidem implorare coepit,
saepe clamitans liberum se liberaeque esse civitatis.
15 Illi,
   ut erat imperatum,
circumsistunt hominem atque interficiunt;
at equites Haedui ad Caesarem omnes revertuntur.

insciente Caesare (Abl. abs.): ohne dass Caesar es wusste – **intermittere:** unterbrechen –
profectio, -onis (*proficisci*): Marsch, Aufbruch, Abfahrt
5 **postponere:** zurückstellen – **insequi:** verfolgen – **retrahere:** gewaltsam zurückholen – Ⓚ
imperat h.: mit AcI – Ⓚ *hunc nihil ... facturum <esse>*
10 **nihil pro sano facere:** nichts Vernünftiges tun – Ⓚ *qui ... neglexisset:* kaus. Nebensinn – **revocare:** zurückrufen, zur Rückkehr auffordern – **clamitare** (Verb. intens.): laut rufen
15 **circumsistere:** umstellen

Aufgaben zur Interpretation

1. Wie ist Dumnorix' Tod gestaltet? Was bewirkt dies beim Leser?
2. Welche Rolle ist dabei den Haeduern zugefallen? Warum?
3. Welches Licht fällt hier auf den Begriff *liber* bzw. *libertas* (Z. 14)?

LIBER SEXTUS

Die Germanen – ein ganz anderes Volk

Die Germanen, auf deren Gefährlichkeit Caesar seit Anfang aufmerksam gemacht hat – er musste sich ja mit ihnen nicht nur unter deren „König" Ariovist auseinander setzen – werden im sechsten Buch etwas genauer beschrieben. Es kommt dem Autor darauf an, dieses Volk im Vergleich zu den Galliern als ein ganz anderes hinzustellen: *Germani multum ... differunt* – weshalb es den Römern nie gelungen ist, sich gegen sie auf Dauer erfolgreich durchzusetzen und sie gleichsam in Ketten zu legen (wie etwa im nebenstehenden Relief angedeutet).

Germanen in Ketten, Sockel-Relief aus dem 1. Jh. n. Chr., Mainz, Landesmuseum

Gesuchte Distanz

23

Civitatibus maxima laus est
    quam latissime circum se vastatis finibus solitudinis habere.
Hoc proprium virtutis existimant,
    expulsos agris finitimos cedere neque quemquam prope se audere
5   consistere;
simul hoc se fore tutiores arbitrantur
    repentinae incursionis timore sublato.

solitudo, -inis: Öde, Ödland, Menschenleere – **proprium alcs rei**: ein besonderes Zeichen von etw.; Ⓚ Ordne: *finitimos expulsos agris cedere* (AcI abh. von *hoc proprium ... <esse>*)
5 **consistere** h.: sich niederlassen, siedeln – **repentinus**: plötzlich, unvorhergesehen – **incursio, -onis** (*in-currere*): Einfall, Angriff

Cum bellum civitas aut illatum defendit aut infert,
magistratus,
  qui ei bello praesint et vitae necisque habeant potestatem,
deliguntur.
In pace nullus est communis magistratus,
sed principes regionum atque pagorum inter suos ius dicunt controversias-
que minuunt.
Latrocinia nullam habent infamiam,
  quae extra fines cuiusque civitatis fiunt,
atque ea iuventutis exercendae ac desidiae minuendae causa fieri praedicant.
  Atque ubi quis ex principibus in concilio dixit
    se ducem fore,
      qui sequi velint,
    profiteantur,
consurgunt ii,
  qui et causam et hominem probant,
suumque auxilium pollicentur
atque a multitudine collaudantur,
  qui ex his secuti non sunt,
in desertorum ac proditorum numero ducuntur
omniumque his rerum postea fides derogatur.
Hospitem violare fas non putant;
  qui quacumque de causa ad eos venerunt,
ab iniuria prohibent sanctosque habent
hisque omnium domus patent
victusque communicatur.

Gefangene Germanen,
Detail eines römischen Sarkophags,
1. Jh. n. Chr., Rom, Thermenmuseum

bellum aut defendere aut inferre: einen Verteidigungs- oder Angriffskrieg führen
10 **nex, necis:** (gewaltsamer) Tod – **pagus, -i:** Gau, Stammesteil – **controversia, -ae:** Streit – **minuere** h.: schlichten
15 **latrocinium, -i:** Raub – **infamia, -ae:** übler Ruf, Schande – **desidia, -ae:** Trägheit – **praedicare:** verkünden, rühmen – **concilium, -i:** Versammlung, Thing – Ⓚ 18-21: *ubi quis ... dixit*: davon abh. 1. AcI: *se ducem fore*, 2. Finalsatz: <*et ut ii*>, *qui ... velint, profiteantur*
20 **profiteri** h.: sich melden – **consurgere** - *surgere*
25 **collaudare** - *laudare* – Ⓚ <*ii*> *qui* – **desertor, -oris** (*deserere*): Fahnenflüchtiger – **proditor, -oris** (*prodere*): Verräter – **ducere in numero:** rechnen zu – **fidem derogare alci:** das Vertrauen jdm. entziehen
30 Ⓚ <*eos*> *qui* – **prohibere ab alqa re** h.: vor etwas schützen – **sanctus** h.: unverletzlich – **victus, -us:** Lebensunterhalt – **communicare:** gemeinsam machen, teilen

Aufgaben zur Interpretation

1. Was wollen die Germanen mit der „Menschenleere" um sich herum erreichen?
   Mit welcher Politik heutiger Staaten ließe sich ein solches Vorgehen vergleichen?
2. Inwiefern bestätigt sich hier das Bild vom *Furor Teutonicus*?
3. Welche Textstelle ist in der Illustration auf S. 88 erfasst?

Hervorstechendes Merkmal: Tapferkeit

24 Und es gab früher eine Zeit, wo die Gallier die Germanen an Tapferkeit übertrafen, sie von sich aus angriffen, wegen Überbevölkerung und Gebietsmangel Kolonisten über den Rhein schickten. Deshalb haben die Gebiete, die die fruchtbarsten Germaniens sind und um den Hercynischen Wald herum liegen – den kennen, wie ich sehe, Eratosthenes und andere Griechen vom Hörensagen und nennen ihn den Orcynischen Wald –, die Volker-Tektosagen besetzt und sich dort niedergelassen. Dieses Volk hält sich bis heute in diesen Gebieten auf und genießt höchsten Ruhm durch Gerechtigkeit und Kriegskunst. Jetzt da sie in derselben Not, Bedürftigkeit und Duldsamkeit wie die anderen Germanen leben, bedienen sie sich derselben Nahrung und Kleidung.
Den Galliern bietet jedoch die Nähe der Provinzen und die Kenntnis überseeischer Erzeugnisse viel zu Wohlstand und Genuss; mittlerweile messen nicht einmal sie sich selbst mehr, daran gewöhnt zu unterliegen und in vielen Kämpfen besiegt, mit jenen an Tapferkeit.

Inwiefern können die Gallier in der Tapferkeit mit den Germanen nicht mehr mithalten? Ziehen Sie dazu die Aussagen im Proöm mit heran.

In Germanien sind selbst die Tiere anders

25 In der Antike herrschte die Vorstellung, dass sich nördlich der Alpen ein mächtiger Waldgürtel wohl vom heutigen Schwarzwald bis zu den Karpaten zog, der so genannte Herkynische Wald, dessen Ausmaße kaum vorstellbar waren. In diesem Wald soll es auch seltsame Tiere gegeben haben:

26

Est bos cervi figura,
    cuius a media fronte inter aures unum
    cornu exsistit excelsius
    magisque derectum his,
5   quae nobis nota sunt,
    cornibus;
ab eius summo sicut palmae
ramique late diffunduntur.
Eadem est feminae marisque natura,
10 eadem forma magnitudoque cornuum.

---

cervus: Hirsch – Ⓚ *figura*: Abl. qual. – **cuius a media fronte:** aus dessen Stirnmitte – **exsistere:** hervortreten – **excelsus:** hoch – **derectus:** gerade – Ⓚ *his <cornibus>, quae*
5 **summum, -i:** höchster Punkt, Spitze – **palma, -ae:** (Palm-) Zweig – **ramus:** Ast, Zweig – **diffundi** h.: sich ausbreiten – **mas, -ris:** männlich, Mann, Männchen

7 Es gibt ebenso Tiere, die man Elche nennt. Deren Gestalt und Buntheit des Felles ist denen von Ziegen ähnlich, doch an Größe übertreffen sie sie bei Weitem. Sie sind an den Hörnern verstümmelt und haben Beine ohne Gelenke und Knöchel. Sie legen sich auch nicht, um sich auszuruhen, nieder und können sich, wenn sie irgendwo umgestoßen zu Boden fallen, ... nicht mehr aufrichten oder erheben. Ihnen dienen Bäume als Schlafstätten. An diese lehnen sie sich an und so erholen sie sich, nur ein wenig an diese rückwärts angelehnt. Wenn aus ihren Spuren von den Jägern erkannt worden ist, wohin sie sich gewöhnlich zurückziehen, dann untergraben sie entweder alle Bäume bis zu den Wurzeln hinab oder sie schneiden sie an, und zwar nur so viel, dass der Eindruck bleibt, als würden sie noch stehen. Wenn sich die Elche dann gewohnheitsgemäß nach rückwärts anlehnen, dann brechen sie die schwachen Bäume durch ihr Gewicht um und stürzen so zugleich mit ihnen zu Boden.

Aufgaben zur Interpretation

1. In einer Illustrierten beginnt der Bericht über die Elche folgendermaßen:

Jägerlatein

Sie werden seit Jahrtausenden verleumdet. Das fing bei Caesar an. Der beschrieb die mächtigen Schaufler in seinem „Gallischen Krieg" und konnte sich nicht verkneifen, den Elch als gehbehindert darzustellen.
Das Tier, so der Römer, habe weder Knie- noch Fußgelenke, weshalb es, an Bäume gelehnt, im Stehen schlafen müsse. Diese Angewohnheit machten sich die Germanen zunutze, die damals noch ihren Lebensraum mit den Großhirschen teilten. Sie kerbten die Schlafbäume an, log Caesar, und warteten dann in aller Ruhe ab. Irgendwann nach Einbruch der Dämmerung kamen die Elche, lehnten ihre müden Körper an die präparierten Stämme – und kippten damit um. Am nächsten Morgen brauchten die Germanen die gefallenen Tiere nur noch einzusammeln.
So Caesars Jägerlatein. Aber ein Körnchen Wahrheit ist daran, denn die Riesenviecher fallen leicht mal.

Wozu ist hier Caesars Werk benützt? Was soll man unter „Jägerlatein" verstehen?
2. Warum sind solche sonderbaren Beschreibungen in den militärischen Sachbericht aufgenommen worden? Berücksichtigen Sie, dass Caesar kurz darauf (Kap. 29, 1) feststellt, er habe beschlossen, den Germanenfeldzug abzubrechen.
3. Welche Begründung für die Zurückhaltung den Germanen gegenüber unterstellt der Verfasser des folgenden Textes dem römischen Feldherrn? Inwiefern ließen sich andere Gründe dafür angeben?

„Für die gesamte *europäische* Geschichte prägend war, dass Caesar den Unterschied zwischen Germanen und Galliern erkannte und diese ethnologische Erkenntnis in politische Tat umsetzte, dass er sich deshalb nicht anschickte, Germanien zu erobern, sondern dass er den Rhein als politisch-militärische Grenze festlegte. Das war dieser Strom zur Zeit Caesars noch keineswegs."
Wolfgang Zeitler

Liber septimus

Vercingetorix – Galliens Freiheitsheld

Caesar ist es, obwohl er sich lange Zeit außerhalb Galliens, in Britannien und Germanien aufhielt, am Ende doch gelungen, ganz Gallien zu unterwerfen; alle aufbrechenden Rebellionen sind niedergeschlagen worden. Am Beginn des 7. Buches kann er feststellen: *Gallia quieta ...* „Als Ruhe und Frieden in Gallien herrschten ..." Diese Feststellung bildet für ihn allerdings nur den scharfen Kontrast zu dem, was im Jahr 52 tatsächlich passiert: Ganz Gallien erhebt sich gegen die römische Herrschaft. Anführer der Rebellion ist ein junger Adeliger aus dem Stamm der Arverner: Vercingetorix.

Ernennung zum „König"

4
... Vercingetorix Celtilli filius, Arvernus, summae potentiae adulescens,
   cuius pater principatum totius Galliae obtinuerat et ob eam causam,
      quod regnum adpetebat,
   a civitate erat interfectus,
5 convocatis suis clientibus facile incendit.
Cognito eius consilio ad arma concurritur.
Prohibetur a Gobannitione patruo suo reliquisque principibus,
   qui hanc temptandam fortunam non esse existimabant;
expellitur ex oppido Gergovia.
10 Non desistit tamen atque in agris habet dilectum egentium ac perditorum.
Hac coacta manu,
   quoscumque adit ex civitate,
ad suam sententiam perducit;
15 hortatur,
   ut communis libertatis causa arma capiant,
magnisque coactis copiis adversarios suos,
   a quibus paulo ante erat eiectus,
expellit ex civitate.
20 Rex ab suis appellatur.

Münze mit dem Namen und dem Porträt des Vercingetorix, datiert auf 52 v. Chr.

Celtillus, -i: Stammesoberhaupt der Arverner – **principatus, -us:** führende Stellung
5 **cliens, -ntis:** Schutzbefohlener, Gefolgsmann – **incendere** <*animos*>: entflammen, aufpeitschen – **Gobannitio, -onis:** adliger Arverner – **patruus, -i:** Onkel (Bruder des Celtillus) – **temptare:** versuchen, h. herausfordern – **Gergovia, -ae:** einer der Hauptorte der Arverner
10 **dilectus, -us:** Aushebung – **egentes, -ium:** Bedürftige, Bettler – **perditi, -orum:** Verkommene, Gesindel – Ⓚ *quoscumque adit ...:* Obj. zu *perducit* – **ad suam sententiam perducere:** für seine Meinung / Haltung gewinnen
15 **paulo ante:** kurz vorher

Als Vercingetorix rasch viele Stämme für sich gewonnen hat, wird ihm der Oberbefehl (*summa imperii*) übertragen; diesen übt er mit harter Strenge aus: Wer ihm nicht folgt, wird mit Feuer- oder Foltertod bestraft, bei geringerer Schuld lässt er die Ohren abschneiden oder ein Auge ausstechen – zur Abschreckung (*perterrere*).

AUFGABEN ZUR INTERPRETATION

1. Wie wird Vercingetorix von seinem Stamm behandelt? Und warum wird er so behandelt? Als was möchte Caesar diesen Gegner vor seinen Lesern hinstellen?
2. Durch welche Aktion oder Verhaltensweise soll der Charakter des Vercingetorix noch negativer gezeichnet werden?
3. Mit welchem Motiv gelingt es dem Arverner, eine große kampfgierige Schar von Leuten an sich zu binden und so seine Gegner aus Gergovia zu vertreiben?
4. Was bedeutet es, wenn er von den Seinen zum „König" ernannt wird?

In seinem Caesar-Buch schreibt der Historiker Matthias Gelzer über Vercingetorix: „Er wurde zum König ausgerufen und gewann sofort mehr als ein Dutzend Nachbarvölker zum Anschluss und zur Anerkennung seines Oberbefehls. Bald konnte sich sein Ehrgeiz zum Gedanken an ein Königtum in einem keltischen Nationalreich erheben, ein Ideal, das erst dadurch ermöglicht wurde, dass Caesar das keltische Staatengewimmel in den Rahmen einer einheitlich regierten römischen Provinz zwang und den Kelten so die nationale Zusammengehörigkeit auch als eine politische zum Bewusstsein brachte."

Was haben die Römer den Galliern erst ermöglicht?

Welches Motiv ist in ihnen erst durch Caesars Besatzung wachgerufen worden?

Wie stellen sich die Nachfahren der Gallier, die Franzosen, den „König" Vercingetorix vor, wenn sie ihn heute auf einem Denkmal so, wie links sichtbar, präsentieren? Was bedeutet er für sie heute noch?

Frédéric-Auguste Bartholdi (1834-1904): Reiterstandbild des Vercingetorix in Clermont-Ferrand, in der Nähe des einstigen Alesia

Vercingetorix-Karikatur
von Michael Heinrich

Vercingetorix' Strategie

14 Vercingetorix hat bald alle gallischen Stämme zu einer Streitmacht vereinigt: die Gallier wollen Caesar von seinem Heer abschneiden. Doch in einem gewagten Unternehmen überqueren die Römer die verschneiten Cevennen. Caesar steht mit seinen Truppen mitten im Feindesland, im Rücken des Vercingetorix. Dieser stellt nun vor den Seinen in einer Rede dar, dass der Krieg auf eine ganz andere Weise als bisher geführt werden müsse:

Omnibus modis huic rei studendum esse,
    ut pabulatione et commeatu Romani prohibeantur.
Id esse facile,
    quod equitatu ipsi abundent et
5   *quod anni tempore subleventur.*
Pabulum secari non posse;
necessario dispersos hostes ex aedificiis petere;
hos omnes cottidie ab equitibus deleri posse.
Praeterea communis salutis causa rei familiaris commoda neglegenda;
10 *vicos atque aedificia incendi oportere hoc spatio quoque versus,*
    quo pabulandi causa adire videantur ...

pabulatio, -onis: Futterholen – **commeatus, -us:** Verpflegung, Nachschub – **abundare alqa re:** Überfluss haben an etwas
5 **sublevare:** unterstützen – **pabulum, -i:** Futter (für Tiere) – **secare:** schneiden, mähen – **necessario** (Adv.): notgedrungen – **dispergere:** zerstreuen, zersplittern; Ⓚ *dispersos*: h. präd. – **commodum, -i:** Vorzug, Interesse
10 **vicus, -i:** Dorf – **incendere:** anzünden – **hoc spatio quoque versus, quo:** nach jeder Richtung / so weit, wie – **pabulari:** Futter holen

4

Praeterea oppida incendi oportere,
quae non munitione et loci natura ab omni sint
periculo tuta,
15   *ne suis sint ad detrectandam militiam receptacula*
neu Romanis proposita ad copiam commeatus
praedamque tollendam.

munitio, -onis (*munire*): Befestigung, Befestigungsanlage
15 **ne ... neu** – *ne aut ... aut* – **detrectare militiam:** sich dem Kriegsdienst entziehen – Ⓚ Subj. im *ne*-Satz: *oppida* – **receptaculum, -i:** Zufluchtsort, Schlupfwinkel (Prädikatsnomen) – **propositus, -a, -um:** als Ziel gesetzt, h.: einladend zu (Prädikatsnomen) – **tollere** h.: wegschleppen

Aufgaben zur Interpretation

1. Welche Strategie verfolgt Vercingetorix? Was versucht er dadurch zu erreichen?
2. Welches Wortfeld, das das Ziel seiner Taktik anzeigt, ist in dieser Rede stark ausgeprägt? Nennen Sie die dafür zutreffenden Wörter und Wendungen.

5

Omnium consensu hac sententia
probata uno die amplius viginti
urbes Biturigum incenduntur.
Hoc idem fit in reliquis civitatibus.
5 In omnibus partibus incendia conspiciuntur.
    Quae etsi magno cum dolore omnes ferebant,
tamen hoc sibi solacii proponebant,
10   quod se prope explorata victoria
celeriter amissa recuperaturos
confidebant.
Deliberatur de Avarico in communi concilio,
    incendi placeat an defendi.

omnium consensu: einstimmig – **amplius** – *plus quam* – **Bituriges, -um:** Bituriger, gallischer Stamm an der Loire
5 Ⓚ *hoc ... solacii*: Gen. part. (weitergeführt durch *quod*) – **solacium, -i:** Trost – **sibi proponere** h.: sich vor Augen stellen
10 **prope exploratus** h.: beinahe sicher, greifbar nahe – Ⓚ *explorata victoria*: Abl. abs. (kausal) – **recuperare:** wiedergewinnen; Ⓚ *recuperaturos <esse>* – **deliberare:** überlegen – Ⓚ *<utrum> ... an*: (ob ... oder)

Aufgaben zur Interpretation

1. Wie reagieren die Gallier auf die Rede? Welches waren die unmittelbaren Folgen?
2. Welche Information des Textes ist ins Bild gesetzt? Nennen Sie die dafür einschlägigen Wörter und Wendungen.

Die Schlacht um Alesia

In der Folgezeit kommt es zu heftigen kriegerischen Auseinandersetzungen zwischen Galliern und Römern. Das Kriegsglück wechselt. Ganz Gallien steht in Flammen. In drei Städten brennt es lichterloh: in Avaricum, Gergovia und Alesia. Sie rücken in den Mittelpunkt. Die Belagerung von Avaricum, für dessen Verteidigung man sich gegen den Rat des Vercingetorix entschieden hat, beenden die Römer nach hartem Kampf siegreich.

Von den etwa 40 000 Belagerten, unter denen Frauen und Kinder sind, entkommen nur ca. 800 den mordenden Römern. Wenig später erleidet Caesar jedoch eine Niederlage bei der Belagerung von Gergovia. In Alesia nun soll die Entscheidung über den Erfolg der Gallier fallen. Die von den Römern Belagerten erwarten ein gewaltiges Entsatzheer. Doch die Zeit drängt, die Lebensmittel werden knapp ...

Critognatus
Karikatur von Michael Heinrich

Aber jene, die in Alesia belagert wurden, hatten, als der Termin vorübergegangen war, zu dem sie Hilfstruppen erwarteten, ihr gesamtes Getreide verbraucht. Da sie nicht wussten, was bei den Haeduern vor sich ging, wurde eine Versammlung einberufen, um über den Ausgang ihres Schicksals zu beraten. Dabei gab es verschiedene Meinungen: Ein Teil entschied sich für eine Kapitulation, andere waren dafür, einen Ausfall zu machen, solange ihre Kräfte noch dazu reichten. Hier darf die Rede des Critognatus nicht übergangen werden wegen ihrer einzigartigen und ruchlosen Grausamkeit. Dieser entstammte einer überaus vornehmen Familie bei den Arvernern, und man hielt ihn für sehr einflussreich.

Die Rede des Critognatus

„Nihil" inquit „de eorum sententia dicturus sum,
　　qui turpissimam servitutem deditionis nomine appellant,
neque hos habendos civium loco neque ad concilium adhibendos censeo.
Cum his mihi res est,
5　　qui eruptionem probant;
quorum in consilio omnium vestrum consensu pristinae residere virtutis memoria videtur.
Animi est ista mollitia, non virtus, paulisper inopiam ferre non posse.
　　Qui se ultro morti offerant,
10　facilius reperiuntur,
　　quam qui dolorem patienter ferant.
Atque ego hanc sententiam probarem – tantum apud me dignitas potest –,
　　si nullam praeterquam vitae nostrae iacturam fieri viderem;

nomen, -inis alcs h.: Bezeichnung für etwas (m. Gen. explicat.) – **deditio, -onis:** Übergabe, Kapitulation – **loco civium habere:** als Bürger ansehen – **concilium, -i:** Thing, Rat – **adhibere:** zulassen, heranziehen – **mihi res est:** ich habe es zu tun
5　**eruptio, -onis:** Ausbruch – **consensus, -us:** Übereinstimmung, Einigkeit – **pristinus:** früher, alt, bewährt – **residere:** noch vorhanden sein – **mollitia animi:** innere Schwäche – **paulisper** (Adv.): für einige Zeit – **ultro** (Adv.): freiwillig
10　Ⓚ *quam <ii>, qui ... ferant* – **praeterquam** *- praeter* – **iactura, -ae:** Verlust

Melchior Feselen: Die Belagerung der Stadt Alesia, 16. Jh., München, Alte Pinakothek

77

sed in consilio capiendo omnem Galliam respiciamus,
15   quam ad nostrum auxilium concitavimus.
Quid hominum milibus octoginta uno loco interfectis propinquis
consanguineisque nostris animi fore existimatis,
   si paene in ipsis cadaveribus proelio decertare cogentur?
Nolite hos vestro auxilio exspoliare,
20   qui vestrae salutis causa suum periculum neglexerunt,
nec stultitia ac temeritate vestra aut animi imbecillitate omnem
Galliam prosternere et perpetuae servituti subicere.
An,
   quod ad diem non venerunt,
25 de eorum fide constantiaque dubitatis?
Quid ergo?
Romanos in illis ulterioribus munitionibus animine causa cottidie exerceri
putatis?
   Si illorum nuntiis confirmari non potestis omni aditu praesaepto,
30 his utimini testibus adpropinquare eorum adventum,
   cuius rei timore exterriti diem noctemque in opere versantur.
Quid ergo mei consilii est?
Facere,
   quod nostri maiores nequaquam pari bello Cimbrorum Teutonumque
35 fecerunt;
qui in oppida compulsi ac simili inopia subacti eorum corporibus,
   qui aetate ad bellum inutiles videbantur,
vitam toleraverunt neque se hostibus tradiderunt.
   Cuius rei si exemplum non haberemus,
40 tamen libertatis causa institui et posteris prodi pulcherrimum iudicarem.
Nam quid illi simile bello fuit?
Depopulata Gallia Cimbri magnaque inlata calamitate finibus quidem
nostris aliquando excesserunt atque alias terras petierunt;

---

15 **concitare:** zusammenrufen – **quid animi .. est?:** wie ist es zumute? – **consanguineus, -i** (*sanguis*): Blutsverwandter; *propinquis consanguineisque*: gemeint sind die Soldaten des Entsatzheeres – **cadaver, -eris:** Leiche – **decertare:** um die Entscheidung kämpfen – **exspoliare:** berauben

20 **temeritas, -atis:** Unbesonnenheit – **animi imbecillitas:** Mutlosigkeit – **prosternere:** zugrunde richten – **perpetuus:** fortdauernd, ewig – **ad diem:** pünktlich

25 **ulteriores munitiones:** nach außen gerichtete Schanzwerke – **animi causa** ~ *voluptatis causa* – **illorum** ~ *Gallorum* – **praesaepire (saepsi, saeptum):** versperren

30 **his** ~ *Romanis* – **testibus** (präd.) mit AcI: als Zeugen dafür, (dass) – **exterriti** ~ *territi* – **opus, -eris:** Schanzarbeit – **nequaquam par:** keineswegs gleich – **Cimbri, -orum / Teútones, -um:** germanische Stämme, die um 110 v. Chr. auf ihrem Weg nach Süden durch Gallien zogen (↗ S. 17)

35 **compellere:** zusammentreiben – **subigere** h.: zwingen, bedrängen – **vitam tolerare:** sein Leben fristen

40 Ⓚ von *pulcherrimum <esse>* abh. der AcI: *<id exemplum> ... institui et ... prodi* – **instituere:** beginnen, einführen – **depopulari:** verwüsten; Ⓚ *depopulata* (pass.) – **aliquando** (Adv.): endlich einmal

Rekonstruktion der Befestigungsanlagen vor Alesia. Caesar zog Belagerungswerke um die Stadt, in der Hoffnung, Vercingetorix durch Nahrungsmangel zur Aufgabe zu zwingen oder zu einem Durchbruchsversuch zu provozieren. Man grub Reihen von Pflöcken mit eisernen Widerhaken (sog. Ochsenstachel) in kurzen Abständen in die Erde und legte Fallgruben an, in die man Pfähle mit feuergehärteten Spitzen einsetzte. Dahinter schloss sich ein Geflecht spitzer Äste an. Angreifer, die diese Hindernisse meisterten, mussten als Nächstes zwei Gräben überwinden – einer davon mit Wasser gefüllt, das man aus einem nahen Fluss abgeleitet hatte – sowie einen Erddamm mit einer hohen Mauer erklimmen, während die Römer von ihren Gefechtstürmen einen Hagel von Steinen und Schleuderkugeln aussandten. Da Caesar wusste, dass Vercingetorix Entlastungstruppen erwartete, errichtete er die gleichen Bollwerke in entgegengesetzter Richtung. Die Verstärkung traf ein, und die Römer wurden von beiden Seiten angegriffen – aber die Verschanzungen hielten dem Ansturm stand ...

    iura, leges, agros, libertatem nobis reliquerunt.
45 Romani vero quid petunt aliud aut quid volunt,
        nisi invidia adducti,
            quos fama nobiles potentesque bello cognoverunt,
    horum in agris civitatibusque considere atque his aeternam iniungere servitutem?
50 Neque enim umquam alia condicione bella gesserunt.
        Quod si ea,
            quae in longinquis nationibus geruntur,
ignoratis, respicite finitimam Galliam,
        quae in provinciam redacta, iure et legibus commutatis, securibus
55   subiecta perpetua premitur servitute."

45 Ⓚ Ordne: *in agris horum, quos ... cognoverunt, considere ...* – **iniungere** h.: aufbürden
50 **longinquus:** entfernt, weit (weg wohnend) – **in provinciam redigere:** zu einer Provinz machen – **commutare:** verändern, umwandeln – **securis, -is:** Beil (Das Liktorenbeil galt als Hoheitszeichen des römischen Staates und als Symbol für die Vollstreckungsgewalt von Körper- und Todesstrafen.)
55 **perpetuus:** fortdauernd, ewig

Aufgaben zur Interpretation

1. Warum lehnt Critognatus einen Ausbruchsversuch ab? Wie lautet sein Vorschlag?
2. Gegen welchen Feind richten sich die *ulteriores munitiones* (Z. 27)? In welcher Lage befindet sich Caesar?
3. Welche rhetorischen Mittel werden in der Rede verwendet? Warum hat Caesar wohl diese Rede so effektvoll gestaltet? Passt sie zum Redner? Begründen Sie Ihre Antwort.
4. *Servitus* und *libertas* sind die zentralen Begriffe, die Critognatus in seiner Argumentation benutzt. Was will er mit diesem Gegensatzpaar bei seinen Zuhörern erreichen?
5. Würde die gallische *servitus* einen Römer in gleicher Weise erregen? Begründen Sie anhand des Cicero-Textes.
6. Welche Darstellungsabsicht verfolgt Caesar wohl mit dem Vorbringen dieser Rede innerhalb seiner *commentarii*? Ziehen Sie dazu auch die Zusatztexte zur Bewertung der Critognatus-Rede (↗ S. 102) heran.

Der römische Staatsdenker Cicero lässt in seinem Werk „Über das Gemeinwesen" heftig darüber streiten, ob Gerechtigkeit die Grundlage des Staates ist oder ihr Gegenteil. Das Original des Textes ist verlorengegangen. Andere Schriftsteller berichten darüber:

„Gestritten wird freilich aufs Schärfste und Tapferste in denselben Büchern über das Gemeinwesen gegen die Ungerechtigkeit für die Gerechtigkeit. Und da ja, als früher für die Partei der Ungerechtigkeit gegen die Gerechtigkeit gekämpft und gesagt wurde, nur durch Ungerechtigkeit könne ein Gemeinwesen sich erhalten und vergrößern, dies gleichsam als die festeste Grundlage genommen worden war, dass es ungerecht ist, wenn Menschen anderen Menschen Sklaven sind (eine Ungerechtigkeit freilich, bei deren Vermeiden ein zur Herrschaft bestimmter Staat, der über ein großes Gemeinwesen verfügt, nicht über Provinzen gebieten könne): wurde von Seiten der Gerechtigkeit geantwortet, das sei deshalb gerecht, weil solchen Menschen die Sklaverei (*servitus*) nützlich (*utilis*) sei, und es geschehe zu ihrem Nutzen, wenn es richtig geschieht, das heißt, wenn den Ruchlosen die Möglichkeit zu Übergriffen genommen wird und wenn die Unterworfenen sich besser dabei befinden werden (*melius se habebunt*), weil sie, nicht gezügelt, sich schlechter befunden haben; und es wurde, damit dieser Beweis verstärkt würde, ein gleichsam von der Natur genommenes

großes Beispiel angefügt und gesagt: Oder sehen wir nicht, dass eben den Besten die Herrschaft zum größten Nutzen der Schwachen (*cum summa utilitate infirmorum*) von der Natur selber gegeben worden ist? Warum befiehlt denn Gott den Menschen, die Seele dem Körper, die Vernunft den Gelüsten, der Leidenschaft und den übrigen mangelhaften Teilen derselben Seele?"

Cicero, De re publica III 24

Marcus Tullius Cicero

Inwiefern ist die Einschätzung der „minderen Menschen" bei Cicero und Caesar ähnlich? Wozu kann sich Caesar deshalb berechtigt sehen? Wie passt dies zur Critognatus-Rede?

Caesars BG VII 77 als Radiomeldung

(Gong) 20 Uhr: Vom Bayrischen Rundfunk hören Sie Nachrichten. Alesia: In der südgallischen Stadt Alesia hat sich die Lage in den letzten Stunden dramatisch zugespitzt: Seit Tagen warten die von einem gewaltigen römischen Heer unter dem Oberbefehl Caesars Eingeschlossenen auf Hilfe von außen.
Auch heute stand die Stadt wieder unter schwerem Artilleriebeschuss. Verschärft hat sich die Lage inzwischen dadurch, dass die Lebensmittelversorgung in der Stadt völlig zusammengebrochen ist. Wie unser Korrespondent berichtet, tagt der Krisenstab der Stadt pausenlos.
Teile der Bevölkerung, vor allem Vertreterinnen der Frauenorganisationen, haben sich unterdessen für eine bedingungslose *Kapitulation* ausgesprochen, um ein weiteres Blutvergießen zu vermeiden. Andere wiederum befürworten einen gewaltsamen *Ausbruch*.
Critognatus, ein radikaler Vertreter der gallischen Widerstandsbewegung und enger Vertrauter des Gallierführers Vercingetorix, hat dies als *verweichlichtes, weibisches Gerede* abgelehnt. Er erinnerte an die oft bewiesene *tapfere Haltung* der Gallier, deren Existenz als Volk auf dem Spiel stehe, und forderte seine Mitbürger auf, dem römischen Aggressor um jeden Preis zu widerstehen.
Den Römern warf Critognatus einen hemmungslosen Imperialismus vor, der zu völliger Entmenschlichung und *ewiger Sklaverei* führe.
Wörtlich sagte er: „Was aber suchen und wünschen die Römer denn anderes, als *voller Neid* im Lande und in den Staaten derer sich einzumischen und denen *ewige Knechtschaft* aufzubürden, die sie als *ruhmvoll und kriegstüchtig* anerkannt haben? Noch niemals haben sie mit einem anderen Ziel Krieg geführt. Wenn ihr nicht wissen solltet, was in weit entfern-

ten Nationen geschieht, so werft einen Blick nur auf das *benachbarte Gallien*, welches zur Provinz gemacht, nach Abänderung von Recht und Gesetz den Henkersbeilen ausgeliefert, in *ewiger Knechtschaft* schmachtet!" Soweit unsere aktuelle Berichterstattung aus Alesia.

Josef Braun

1. Suchen Sie für die kursivgedruckten Wörter die entsprechenden Ausdrücke und Wendungen in der Critognatus-Rede.
2. Auf welche Informationen konzentriert sich die Radio-Meldung?
3. Was ist gegenüber der Rede verändert? Welche Textsorte liegt nun vor?
4. Zur Bewertung der Critognatus-Rede:

Die Urteile über die romkritische Rede des Critognatus gehen in der wissenschaftlichen Literatur auseinander; nachfolgend seien einige Stimmen genannt. Sie können als Grundlage dienen, eine eigene Meinung dazu zu finden. Die Frage ist, welche Rolle in einem durch und durch imperialistischen Werk diese „antiimperialistische" Rede spielen soll:

1. „Hier spricht keineswegs Cäsar in eigener Person, sondern entsprechend den auch für die antike Historiographie geltenden Gesetzen literarischer Darstellung liegen hier fiktive Äußerungen fiktiver Personen vor, die in dieser Form weder als Ansichten des fiktiven Autors noch gar als die des realen Autors gelten dürfen."

Joachim Gruber

2. „Die Critognatus-Rede gehört zu den kritischsten und erbarmungslosesten Abrechnungen mit dem durch Cicero und Vergil bis in die Metaphysik verlängerten römischen Herrschaftsanspruch."

Herbert Meyerhöfer

3. „Cäsar liefert hier in selbstentlarvender Absicht eine Demonstration römischen Selbstbewusstseins, die ohne Schaden auch die Position des Gegners formulieren kann."

Christian Meier

4. „Die Critognatus-Rede liegt ganz auf der Linie der darstellerischen und inhaltlichen Entwicklung des Berichtes, der den Gallischen Krieg rechtfertigen will. Sie steht völlig im Einklang mit Wesen und Denken des Imperators Cäsar; sie ist kein Fremdkörper im Werk des Bellum Gallicum; sie ist ein Mittel, wenn nicht das stärkste, zur Überzeugung der römischen Leser, dass sein politisch-militärisches Vorgehen in Gallien zu Recht so und nicht anders erfolgte."

Friedrich Maier

Alesia kurz vor seinem Fall

Sturm auf eine belagerte Stadt, Illustration aus einer Caesar-Ausgabe von 1889

Der Rat des Critognatus wurde nicht angenommen, vielmehr beschloss man die Kriegsuntüchtigen aus der Stadt zu weisen, um sie nicht verpflegen zu müssen. Zur Freude der eingeschlossenen Gallier kam bald darauf das erwartete Heer. Die Schlacht um Alesia dauerte mehrere Tage. Am ersten Tag entschied die germanische Reiterei auf Seiten der Römer den langen, verlustreichen Kampf, sie schlug die Feinde in ihr Lager zurück. Die Gallier griffen dann nach einem Tag Kampfpause nachts an, scheiterten jedoch an den tückischen Befestigungswerken. In der Entscheidungsschlacht konnte sich das römische Heer zunächst kaum behaupten, mit Fortuna, Caesars taktischem Geschick und der *virtus* seiner Soldaten, konnten die Gallier geschlagen werden. Alesia kapitulierte.

Gefangene nach der Einnahme, römisches Sarkophagrelief, 1. Jh. n. Chr., Rom, Thermenmuseum

Die Auslieferung des Vercingetorix

89

Bellum suscepisse se non suarum necessitatum,
sed communis libertatis causa
demonstrat et,
   quoniam sit fortunae cedendum,
5 ad utramque rem se illis offerre,
   seu morte sua Romanis satisfacere
   seu vivum tradere velint.
Mittuntur de his rebus ad Caesarem legati.
Iubet arma tradi, principes produci.
10 Ipse in munitione pro castris consedit;
eo duces producuntur.
Vercingetorix deditur, arma proiciuntur.
Reservatis Haeduis atque Avernis,
   si per eos civitates reciperare posset,
15 ex reliquis captivis toti exercitui capita singula
praedae nomine distribuit.

Römischer Denar mit dem Bild des Vercingetorix, daneben ein keltischer Schild; geprägt zu Ehren Caesars um 48 v. Chr.

Ⓚ Ordne: *demonstrat se id bellum ... suscepisse* – **necessitates** h.: Interessen
5 **ad utramque rem:** für beide Möglichkeiten (erläutert durch *seu ... seu*) – **seu ... seu:** sei es, dass ... oder, dass ... – **satisfacere alci alqa re:** jdm. durch etwas Genüge tun – Ⓚ *<se> vivum* (präd.)
10 **producere:** vorführen, herbeibringen – **munitio, -onis:** Befestigung, h.: Schanzwerk – **proicere:** zu Boden werfen, niederlegen – **reservare** h.: zurückbehalten – **reciperare** (*capere*): wiedergewinnen
15 **toti exercitui:** dem ganzen Heer, d. h. jedem einzelnen Soldaten – **capita singula:** je einen Mann / Gefangenen – **praedae nomine:** als Beute – **distribuere:** verteilen

Aufgaben zur Interpretation

1. Mit welchen sprachlichen Mitteln gestaltet Caesar den Akt der Auslieferung des Vercingetorix? Beachten Sie dabei den Bau der Sätze, die Tempora und die Stilfiguren.
2. Welches Motiv des Handelns lässt Caesar den Gegner hier nochmals betonen? Wirkt dieses auf die Leser glaubhaft? Begründen Sie.
3. Inwiefern gesteht Caesar aber dem geschlagenen Gallierführer hier eine gewisse menschliche Größe zu?
4. Welche Szene des Textes ist in Text und Bild auf der folgenden Seite festgehalten? Nennen Sie die entsprechenden Wendungen und Wörter.
Was ist anders als im Caesar-Bericht? Warum?

Abb. rechts: Lionel Royer: „Vercingétorix jette ses armes aux pieds de César.", 19. Jh., Le Puy-en-Velay, Musée Crozatier

Vercingetorix vor Caesar

„Dann draußen, knapp vor dem Lagertor, das rasche, unregelmäßige Hufgeklapper eines scheuenden Pferdes. Alle recken die Hälse, um zu sehen, was da geschieht. Nur Caesar sitzt unbeweglich. Das Tänzeln hört auf, wandelt sich wieder in regelmäßigen Hufschlag: im Tor wird Vercingetorix sichtbar, hoch zu Ross, vom Kopf bis zu den Füßen gerüstet. Den Kopf bedeckt der Helm mit seinen bunten Zieraten, die breite Brust ist vom Schuppenpanzer umhüllt, an dessen Gürtel das lange gallische Schwert hängt; der linke Arm hält Schwert und Lanze, der rechte lenkt das nun willig gehorchende Tier. Vercingetorix' Gesicht ist versteinert wie das seines großen Gegners, seine Augen blicken ähnlich starr geradeaus. So reitet er, von der Sonne, die auf dem blanken Metall spielt, umglänzt, Schritt um Schritt vom Lagertor bis vor Caesars Thron: es ist der letzte Weg der gallischen Freiheit ...
Vercingetorix umreitet die Estrade. Immer langsamer werden die Schritte seines Pferdes, als könnten sich Tier und Herr nicht voneinander trennen. Nun steht er wieder vor Caesar, hält mit einem jähen Ruck, richtet mit Zügeln und Schenkeln das Pferd gerade ... Vier Augen tauchen ineinander, so lange, dass alle, die zusehen, schließlich fast die Empfindung haben, die beiden Männer seien zu Erz geworden ...
Dann springt Vercingetorix mit einem plötzlichen Entschluss ab, löst den Schwertgurt, nimmt das Schwert zu Lanze und Schild in die Linke, hebt mit der Rechten den Helm vom Kopf. Bückt sich, um alles zu Füßen der Estrade niederzulegen. Hält inne. Die Waffen fallen klirrend zu Boden, er ergreift mit beiden Händen das zerbrochene Feldzeichen und führt es an seine Lippen."
Mirko Jelusich, Caesar (1929)

Vercingetorix' Tod

Vercingetorix wird zusammen mit anderen Gefangenen in Ketten nach Rom gebracht und dort bis zum großen Triumphzug sechs Jahre lang gefangen gehalten; einen Tag nachdem er den Römern so präsentiert worden war, stirbt er durch Erdrosselung. Das liegt in der Konsequenz römischer Eroberungspolitik und der Siegermentalität Caesars. Dazu zwei kritische Stimmen:

Das Tullianum, das Verlies des Staatsgefängnisses in Rom, in dem man Vercingetorix gefangen hielt.

„Zur Zeit ihrer größten Bildung erschlugen die Römer die feindlichen Heerführer, nachdem sie sie im Triumphzug hinter einem Wagen hergeschleppt hatten ..."

Alexis de Tocqueville

„Cäsar wird ... exakter als durch jede andere Tat gekennzeichnet durch die Erdrosselung des Vercingetorix, einen Tag nach jenem Triumphzug durch Rom, in dem der strategisch so bedeutende Rebell an der Seite der Schwester der Kleopatra und des Sohnes des Königs Juba hatte mitgehen müssen: die Tapferkeit des Soldaten, der nichts getan hatte, als seine unterjochte Heimat gegen die Unterjocher zu führen, vermochte das Herz des großen Soldaten Julius Cäsar mitnichten zu rühren. Nach fast sechsjähriger Kerkerhaft ließ er den Gallier noch auf niedrigste Weise totmachen!"

Rolf Hochhuth

Welcher Vorwurf wird hier den Römern und Caesar gemacht?

Vercingetorix – heute Symbolfigur für die Freiheit in Frankreich

Warum ist Vercingetorix zum Freiheitshelden in Frankreich geworden? Bei welchen Ereignissen der französischen Geschichte hat die von Vercingetorix verteidigte Freiheit besondere Attraktivität gewonnen?

Vercingetorix-Standbild in Alésie-Sainte-Reine

Noch heute Erinnerung an Vercingetorix in Rom

Tafel mit den Namen der bekanntesten Gefangenen des Mamertinischen Kerkers; er befindet sich in Rom nahe beim Forum Romanum.
Das Jahr der Hinrichtung des Vercingetorix ist allerdings falsch angegeben.

1. Suchen Sie auf der Tafel den Namen des Vercingetorix.
2. Was bedeutet es, wenn Vercingetorix z.B. neben dem Numidier Jugurtha, gegen den Marius in Afrika schwer zu kämpfen hatte, in diese Tafel aufgenommen ist?

Das Ende des Bellum Gallicum

90

His rebus confectis in
Haeduos proficiscitur; civitatem
recipit.
Eo legati ab Arvernis missi,
5 quae imperaret,
se facturos
pollicentur.
Imperat magnum
numerum obsidum.
10 Captivorum circiter
viginti milia Haeduis
Arvernisque reddit.
Legiones in hiberna
mittit.
15 T. Labienum cum duabus
legionibus et equitatu
in Sequanos proficisci iubet;
huic M. Sempronium
Rutilium attribuit.
20 C. Fabium et L. Minucium
Basilum cum legionibus
duabus in Remis collocat,
   ne quam a finitimis
   Bellovacis calamitatem
25   accipiant.
C. Antistium Rebinum in
Ambivaretos,
T. Sextium in Bituriges,
C. Caninium Rebilum in
30 Rutenos
cum singulis legionibus mittit.
Q. Tullium Ciceronem et
P. Sulpicium Cavilloni et
Matiscone
35 in Haeduis ad Ararim
rei frumentariae causa collocat.
Ipse Bibracte hiemare
constituit.
Huius anni rebus ex Caesaris
40 litteris cognitis
Romae dierum viginti
supplicatio redditur.

Hierauf marschiert er in das Gebiet
der Haeduer; er nimmt den Stamm
wieder in seine Obhut.
Dorthin werden Gesandte von den
Arvernern geschickt, sie versprechen,
sie würden tun,
   was er befehle.
Er lässt viele Geiseln stellen.

Von den Gefangenen gibt er unge-
fähr 20 000 den Haeduern und
Arvernern zurück.
Die Legionen schickt er in die
Winterlager.
T. Labienus lässt er mit zwei Legionen
und der Reiterei in das Gebiet der
Sequaner ziehen.
Ihm teilt er M. Sempronius Rutilius
zu.
Gaius Fabius und Lucius Minucius
Basilus legt er mit zwei Legionen in
das Gebiet der Remer,
   damit sie von den benachbarten
   Bellovacern keinen schlimmen
   Schaden erlitten.
C. Antistius Rebinus schickt er zu den
Ambivareten,
T. Sextius zu den Biturigen,
C. Caninius Rebilus zu den
Rutenen
mit je einer Legion.
Q. Tullius Cicero und
P. Sulpicius legt er nach Cavillonum
und Matisco
im Gebiet der Haeduer am Arar
zur Sicherung der Getreidezufuhr.
Er selbst beschließt, in Bibracte zu
überwintern.
Als man die Erfolge dieses Jahres aus
Caesars Bericht in Rom erfahren hat,
wird dort ein Dankfest von 20 Tagen
abgehalten.

Wie gestaltet Caesar das Ende seines Berichts über den Gallischen Krieg? Was hätte man erwarten können? Warum hat er diese Art der Darstellung gewählt?

ZUSATZTEXTE

Vom Gallischen Krieg zum Bürgerkrieg

Nach der endgültigen Beendigung des Freiheitskampfes der Gallier sann Caesar auf weiteren Machtgewinn; er hätte nun, nachdem ihm schon einmal das Prokonsulat verlängert worden war, das militärische Kommando niederlegen müssen. Dann hätte er zur politischen Verantwortung gezogen werden können. Die Karriere wäre zu Ende gewesen. Deshalb fügte er sich dem Senatsbeschluss nicht und zog mit seinen Legionen zum Rubikon, dem Grenzfluss zwischen der Provinz und Italien. Diesen durfte kein Feldherr mit seinem Heer überschreiten. Caesar überschritt ihn am 10./11. Januar 49 v. Chr.

Die Entscheidung fiel Caesar nicht leicht

Caesar consecutus cohortes ad Rubiconem flumen, qui provinciae eius finis erat, paulum constitit ac reputans, quantum moliretur, conversus ad proximos: „Etiam nunc", inquit, „regredi possumus; quodsi ponticulum transierimus, omnia armis agenda erunt." Cunctanti ostentum tale factum est.
5 Quidam eximia magnitudine et forma in proximo sedens repente apparuit harundine canens; ad quem audiendum cum praeter pastores plurimi etiam ex stationibus milites concurrissent interque eos et aeneatores, rapta ab uno tuba prosiluit ad flumen et ingenti spiritu classicum exorsus pertendit ad alteram ripam. Tunc Caesar: „Eatur", inquit, „quo deorum ostenta et inimi-
10 corum iniquitas vocat. Iacta alea est." Atque ita traiecto exercitu, adhibitis tribunis plebis, qui pulsi supervenerant, pro contione fidem militum flens ac veste a pectore discissa invocavit.

Sueton, Divus Iulius c. 31,2-33

consequi h.: einholen – **consistere:** haltmachen, verweilen – **reputare:** überlegen – **moliri** (*moles*): in Bewegung bringen, beabsichtigen – **ponticulum, -i:** Deminutivum zu *pons* – **ostentum, -i** (*ostendere*): Wunderzeichen
5 **eximius:** herausragend, außerordentlich, ausnehmend – **in proximo:** in unmittelbarer Nähe – **harundo, -inis:** Halm, Rohr, Rohrpfeife – **statio, -onis:** Wachposten – **aeneator, -oris** (*aes*): Blechbläser – **tuba, -ae:** Tuba, tief tönende Trompete (Signalinstrument des römischen Heeres) – **prosilire** h.: vorausspringen – **spiritus, -us:** Atem, Luftzug – **classicum, -i:** Trompetensignal – **exordiri:** beginnen, h.: ausstoßen – **pertendere:** hineilen, zustreben
10 **iniquitas, -atis:** Ungerechtigkeit, unrechtes Verhalten – **alea, -ae:** Würfel – **pellere:** vertreiben (die Volkstribunen haben Rom verlassen müssen) – **supervenire:** herüberkommen, überlaufen – **pro contione:** vor der Versammlung, vor versammelter Mannschaft – **discindere:** zerreißen – **invocare:** anrufen, appellieren (an)

Der Würfel ist gefallen

1. In welche vier Abschnitte lässt sich der Text gliedern?
2. In welcher Haltung erscheint Caesar anfänglich? Benennen Sie die Begriffe und Wendungen, die darauf hinweisen.
3. Welcher Vorgang erzwingt den entscheidenden Schritt? Welche Atmosphäre wird um Caesars Vorgehen aufgebaut?
4. Welcher Charakterzug tritt hier an Caesar in Erscheinung? Wie bezeichnet man einen solchen Menschen?
5. Was bedeutet heute: „Der Würfel ist gefallen"?

Caesar beim Überschreiten des Rubikon, Miniatur von Jean Fouquet, 15. Jh.

> „Cäsars Gedanken kreisen um das Unglück, das er allen Menschen zumutete, wenn er jetzt den Schritt zum Krieg tat. Er überschlug, ‚wie viel Unglück der Übergang allen Menschen verursachen wird.' Er suchte, sich und seinen Entschluss im Urteil der Nachwelt zu sehen. Der eine unserer Gewährsmänner lässt Caesars Überlegungen klar sich zuspitzen auf die fatale Alternative: ‚Der Verzicht auf diesen Übergang wird mir Unglück verursachen, der Übergang aber allen Menschen.'"
>
> Christian Meier

Caesar am Rubikon, Gemälde von Wilhelm Trübner (1851-1917), Staatliche Kunsthalle Karlsruhe

1. Inwiefern bedeutete Caesars Entscheidung einen Weltbürgerkrieg?
2. Warum konnte Caesar nicht anders handeln, als er handelte? Bedenken Sie dabei, dass sein großer Rivale Pompeius in Rom allein die Führungsposition inne hatte.
3. Warum wurde in Rom nach dem Überschreiten des Rubikon durch Caesar der Staatsnotstand ausgerufen und Pompeius zum Diktator ernannt?
4. Welches Motiv muss man Caesar bei seinem Angriff auf Rom unterstellen?

Die Ermordung Caesars – die Iden des März

Im Frühjahr des Jahres 45 v. Chr. hatte Gaius Julius Caesar den römischen Bürgerkrieg gewonnen. Mehr als vier Jahre lang hatte er seine Gegner in allen Provinzen des Römischen Reiches bekämpft und nacheinander besiegt. Pompeius war dabei auf der Flucht bei der Ankunft in Ägypten ermordet worden. Unter der Stadtbevölkerung Roms und den überlebenden römischen Politikern herrschten Verunsicherung und Hoffnung: Würde Caesar die alte *res publica* wiederherstellen, oder würde er seine tatsächliche Alleinherrschaft zu einer gesetzlich verankerten Monarchie ausbauen, gar den seit alters her verpönten Titel *rex* annehmen? Die Fülle der Ehrungen und Ämter, mit denen Caesar ab Sommer 45 bedacht wurde, erhärtete allerdings den Verdacht, dass die Einführung der Monarchie nur noch eine Frage der Zeit sei: Der Senat ernannte ihn zum *pater patriae*, sein Geburtsmonat, der *Quinctilis*, erhielt den Namen Julius, den Diktatortitel erhielt er jetzt auf Lebenszeit, und schließlich wurde er sogar zum lebenden Gott erklärt.

Die Anhänger der Republik, der *res publica libera*, hatten Angst um die Zukunft ihres Staates. Deshalb verschworen sich über sechzig prominente Männer gegen Caesar, an ihrer Spitze Marcus Iunius Brutus und Gaius Cassius. Mehrere Mordpläne wurden erdacht und wieder verworfen. Endlich einigte man sich darauf, den Diktator an den Iden des März 44 v. Chr. während einer Senatssitzung, die in der Kurie des Pompeius stattfinden sollte, zu beseitigen.

Darüber berichtet der Caesar-Biograf Sueton (Divus Iulius c. 81 f.):

Sed Caesari futura caedes evidentibus prodigiis denuntiata est... Immolantem haruspex Spurinna monuit, caveret periculum, quod non ultra Martias Idus proferretur. Ob haec simul et ob infirmam valetudinem diu cunctatus, an se contineret et, quae apud senatum proposuerat agere, differret, tandem Decimo Bruto adhortante, ne frequentes ac iam dudum opperientes destitueret, quinta fere hora progressus est libellumque insidiarum indicem ab obvio quodam porrectum libellis ceteris, quos sinistra manu tenebat, quasi mox lecturus commiscuit.

Doch Caesar wurde der künftige Mord durch deutliche Vorzeichen angekündigt ... Beim Opfern mahnte ihn der Opferbeschauer Spurinna, er solle sich vor einer Gefahr hüten, die nicht über die Iden des März hinaus fort bestünde. Deswegen und zugleich wegen seiner angegriffenen Gesundheit zögerte er lange, ob er zu Hause bleiben und, was er vor dem Senat zu verhandeln sich vorgenommen hatte, aufschieben solle; als ihn endlich Decimus Brutus aufforderte, er solle die zahlreichen und schon lange wartenden Männer nicht enttäuschen, ging er ungefähr zur fünften Stunde weg und steckte einen Zettel mit dem Hinweis auf das Attentat, der ihm von einer entgegentretenden Person gereicht wurde, zu den übrigen Akten, welche er in der linken Hand hielt, so als wollte er ihn bald lesen.

Karl von Piloty: Die Iden des März, 19. Jh., Hannover, Niedersächsische Landesgalerie

1. Was hat Caesar bewogen, trotz der Warnungen sein Haus zu verlassen?
2. Kann man ihm mangelnde Vorsicht vorwerfen?

Dein pluribus hostiis caesis, cum litare non posset, introiit curiam spreta religione. Spurinnamque irridens et ut falsum arguens, quod sine ulla noxa Idus Martiae adessent. Quamquam is venisse quidem eas dixit, sed non praeterisse. Assidentem conspirati specie officii circumsteterunt, ilicoque Cimber Titius, qui primas partes susceperat quasi aliquid rogaturus propius accessit renuentique et gestu ad aliud tempus differenti ab utroque umero togam apprehendit.

Deinde clamantem: „Ista quidem vis est!" alter e Cascis aversum vulneravit paulum infra iugulum. Caesar bracchium arreptum graphio traiecit conatusque prosilire alio vulnere tardatus est.

Dann, nach dem Opfern mehrerer Tiere, betrat er, obwohl er nicht unter günstigen Vorzeichen opfern konnte, die Kurie unter Missachtung religiöser Bedenken, verhöhnte Spurinna und beschuldigte ihn als Falschdeuter, weil ohne jeden Schaden die Iden des März da seien. Indessen sagte dieser, sie seien zwar gekommen, aber noch nicht vorüber. Als er sich setzte, umstellten ihn die Verschwörer unter dem Schein einer Aufgabe, und sofort trat Cimber Titius, der die Führungsrolle übernommen hatte, als wollte er einen Antrag stellen, näher an ihn heran und, als dieser abwinkte und durch eine Geste die Sache auf einen anderen Zeitpunkt aufschieben wollte, packte er ihn an beiden Schultern an der Toga.

Als er darauf schrie: „Das ist ja Gewalt!" verwundete ihn einer der Casca-Brüder von hinten ein Stück unterhalb der Kehle. Caesar packte dessen Arm und durchbohrte ihn mit dem Griffel und bei dem Versuch hochzuspringen wurde er durch einen weiteren Stich aufgehalten.

Utque animadvertit undique se strictis pugionibus peti, toga caput obsolvit, simul sinistra manu ad ima crura deduxit, quo hones- 45 tius caderet etiam inferiore corporis parte velata.	Und sobald er merkte, dass er von allen Seiten mit gezückten Dolchen angegriffen werde, verhüllte er mit der Toga sein Haupt, zugleich zog er sie mit der linken Hand bis ganz unten über die Füße, damit er umso würdevoller sterbe, wenn auch der untere Teil des Körpers verhüllt ist.
Atque ita tribus et viginti plagis confossus est uno modo ad primum ictum gemitu sine voce 50 edito, etsi tradiderunt quidam Marco Bruto irruenti dixisse: καὶ σὺ τέκνον;	Und so ist er von 23 Dolchstichen durchbohrt worden, wobei er nur beim ersten Stich einen Seufzer ohne Laut ausgestoßen hat; indes haben einige berichtet, dass er, als Brutus auf ihn losging, gesagt habe: „Auch du, mein Kind?"
Exanimis diffugientibus cunctis aliquamdiu iacuit, donec lecticae 55 impositum, dependente bracchio tres servuli domum rettulerunt ...	Leblos lag er, während alle fluchtartig wegliefen, eine Zeit lang am Boden, bis drei Sklaven ihn in eine Sänfte legten und ihn, wobei ein Arm herunterhing, nach Hause brachten ...

Münze aus dem Heer der Caesarmörder 43/42 v. Chr.
Dolche und Filzkappe (*pileus*), die der freie Römer an Festtagen trug, erinnerten an die Ermordung Caesars am 15. März 44. Die Umschrift EID·MAR bedeutet die abgekürzte römische Datumsangabe.

Aufgaben zur Interpretation

1. Nennen Sie lateinische Begriffe und Wendungen aus dem Text, die das Gewalttätige an der Tat der Verschwörer anzeigen.
2. Mit welchen Ausdrücken kennzeichnet Sueton Caesars Reaktion auf das Attentat? Wie könnte man seine Haltung beurteilen?
3. Was wollten die Senatoren letztlich mit dem Tyrannenmord verteidigen?
   Wie hat Caesar selbst wenige Jahre vorher dieses Motiv beim Verteidigungskampf der Gallier den Senatoren gegenüber hinzustellen versucht?
4. Inwiefern ist in Caesars Aufstieg und Fall der Typus des Machtmenschen in Erscheinung getreten? Nennen Sie dafür maßgebliche Kriterien. Welche europäischen Herrscher kann man mit Caesar vergleichen?

Der lateinische Weg zu Caesars Leben und Taten

Im 4. Jh. n. Chr. hat der Historiker Eutropius im Auftrag des Kaisers Valens eine Kurzfassung der römischen Geschichte (*Breviarium ab urbe condita*) verfasst; im 6. Buch dieses Werkes, Kap. 17-25, schreibt er über Caesar Folgendes:

Teil 1: Der Gallische Krieg

Anno urbis conditae sescentesimo nonagesimo tertio C. Iulius Caesar, qui postea imperavit, cum L. Bibulo consul factus est.

Decreta est ei Gallia et Illyicum cum legionibus decem. Is primus vicit Helvetios, deinde vincendo per bella gravissima usque ad Oceanum
5 Britannicum processit. Domuit autem annis novem ferme omnem Galliam, quae inter Alpes, flumen Rhodanum, Rhenum et Oceanum est.

Britannis mox bellum intulit, quibus ante eum ne nomen quidem Romanorum cognitum erat, eosque victos obsidibus acceptis stipendiarios fecit. Galliae autem tributi nomine annuum imperavit stipendium qua-
10 dringenties, Germanosque trans Rhenum adgressus immanissimis proeliis vicit.

a. Chr. n.
LIX
LVIII
LV

decernere: (durch Beschluss) zuerkennen
5 **domare (domui):** bändigen, bezwingen – **ferme:** ungefähr – **obsides, -um:** Geiseln – **stipendiarius:** tributpflichtig – **nomine:** unter dem Namen von, als – **annuus:** jährlich – **quadringenties** (erg. *sestertium*): 40 Millionen Sesterzen
10 **immanis, -e:** wild, schrecklich, unmenschlich

Federico Fellini: Caesar

Aufgaben zur Interpretation

1. Nach welchem Amt wurde Caesar die Verwaltung der Nordprovinz übertragen?
2. Welche Handlungen kennzeichnen sein Vorgehen in Gallien? Nennen Sie die lateinischen Prädikate. In welchem Tempus stehen sie? Was kommt dadurch zum Ausdruck?
3. In welche Richtungen überschreiter er sogar die Grenzen Galliens?
4. Worauf kommt es dem Autor bei dieser Darstellung an, worauf nicht?
5. Welche Ausdrücke im Text deuten an, dass der „Gallische Krieg" von Eutropius hier bewertet wird?

Teil 2: Der Bürgerkrieg

Tum bellum civile successit exsecrandum et lacrimabile, quo praeter calamitates, quae in proeliis acciderunt, etiam populi Romani fortuna mutata est.

15 Caesar rediens ex Gallia victor coepit poscere alterum consulatum atque ita, ut sine dubietate aliqua ei deferretur. Contradictum est a Marcello consule, a Bibulo, a Pompeio, a Catone, iussusque dimissis exercitibus ad urbem redire.
Propter iniuriam ab Arimino, ubi milites congregatos habebat, adversum
20 patriam cum exercitu venit. Consules cum Pompeio senatusque omnis atque universa nobilitas ex urbe fugit et in Graeciam transiit. Apud Epirum, Macedoniam, Achaiam Pompeio duce senatus contra Caesarem bellum paravit.

Caesar vacuam urbem ingressus dictatorem se fecit. Inde Hispanias peti-
25 vit. Ibi Pompei exercitus validissimos et fortissimos superavit.

Inde regressus in Graeciam transiit, adversum Pompeium dimicavit. Pugnatum est ingenti contentione victusque est ad postremum Pompeius et castra eius direpta sunt.

Mox Caesar Alexandriam venit. Ipsi quoque Ptolemaeus parare voluit
30 insidias, qua causa bellum regi inlatum est. Victus in Nilo periit.

Caesar Alexandria potitus regnum Cleopatrae dedit, Ptolemaei sorori. Inde Romam regressus tertio se consulem fecit …

(*Sequuntur alia bella in Africa et in Hispania gesta, quibus Caesar ceteros adversarios devicit.*)

---

succedere: folgen – **exsecrandus:** fluchwürdig, verflucht – **lacrimabilis, e:** beweinenswert, tränenreich – **calamitates, -um:** Unglückschläge, Katastrophen
15 Ⓚ *victor:* präd. – **dubietas, -atis:** Zweifel – **deferre:** übertragen – **contradicere:** Widerspruch einlegen, opponieren – Ⓚ *quam:* Rel. Satzanschluss – **congregare:** versammeln
20 **universus:** gesamt, ganz – **vacuus:** leer, unbesetzt
25 **validus** (*valere*): stark, schlagkräftig – **dimicare:** kämpfen – **contentio, -onis:** Anstrengung, Einsatz – Ⓚ *victus* <est> – **ad postremum** *postremo* – **insidias parare alci:** einen Anschlag auf jdn. planen
30 **qua causa:** weshalb – **tertio:** zum dritten Mal

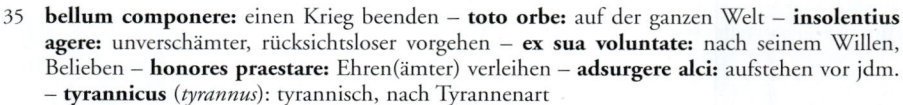

Vincenzo Camuccini: Der Tod Julius Caesars, 19. Jh., Neapel, Museo di Capodimonte

Aufgaben zur Interpretation

1. An welchen Ausdrücken und Wendungen ist zu erkennen, dass Eutropius Caesars politisches Vorgehen noch aus der Distanz von fast 400 Jahren als bedenklich hinstellt?
2. Was lässt erkennen, dass Caesar eigenmächtig und machtsüchtig vorgegangen ist?

Teil 3: Die Ermordung

a. Chr. n. XLV

35 Inde Caesar bellis civilibus toto orbe compositis Romam rediit. Agere insolentius coepit et contra consuetudinem Romanae libertatis. Cum ergo et honores ex sua voluntate praestaret, qui a populo antea deferebantur, nec senatui ad se venienti adsurgeret aliaque regia ac paene tyrannica
40 faceret, coniuratum est in eum a sexaginta vel amplius senatoribus equitibusque Romanis.

---

35 **bellum componere:** einen Krieg beenden – **toto orbe:** auf der ganzen Welt – **insolentius agere:** unverschämter, rücksichtsloser vorgehen – **ex sua voluntate:** nach seinem Willen, Belieben – **honores praestare:** Ehren(ämter) verleihen – **adsurgere alci:** aufstehen vor jdm. – **tyrannicus** (*tyrannus*): tyrannisch, nach Tyrannenart
40 **coniurare in alqm:** sich verschwören, eine Verschwörung durchführen gegen jdn. – **amplius:** mehr

Praecipui fuerunt inter coniuratos duo Bruti ex eo genere Bruti, qui primus Romae consul fuerat et reges expulerat, et C. Cassius et Servilius Casca.
45 Ergo Caesar, cum senatus die inter ceteros venisset ad curiam, tribus et viginti vulneribus confossus est.

a. Chr. n.
XLIV

praecipuus: vorrangig, die führende Rolle innehabend – **coniurati, -orum:** die Verschworenen
45 Ⓚ *senatus die:* Zeitangabe – **curia, -ae:** Ratsgebäude, Kurie (Sitzungsgebäude des Senats) – **confodere (confodi, confessum):** durchbohren

Aufgaben zur Interpretation

1. Inwiefern sieht Eutropius den Mord an Caesar gewissermaßen als zwingende Folge seines Verhaltens? Nennen Sie die dafür zuständigen lateinischen Begriffe und Wendungen.
2. Inwiefern hat Caesar nach dem „Gallischen Krieg" einen Weltbürgerkrieg vom Zaun gebrochen? Vergewissern Sie sich anhand der Kartenskizze auf Seite 119, wo überall Caesar Krieg geführt hat.
3. Das römische Reich bestand seit Gründung der Stadt bis zu Kaiser Valens schon mehr als 1000 Jahre. Wenn Caesar und seinem „Gallischen Krieg" in Eutropius' Werk ein so auffälliger Platz eingeräumt wird, welche Bedeutung wird dann diesem Stück der römischen Geschichte zugemessen? Welche Gründe gäbe es dafür?

Szenenfoto aus dem Film „Caesar und Kleopatra" von 1963, mit Rex Harrison und Elizabeth Taylor in den Hauptrollen

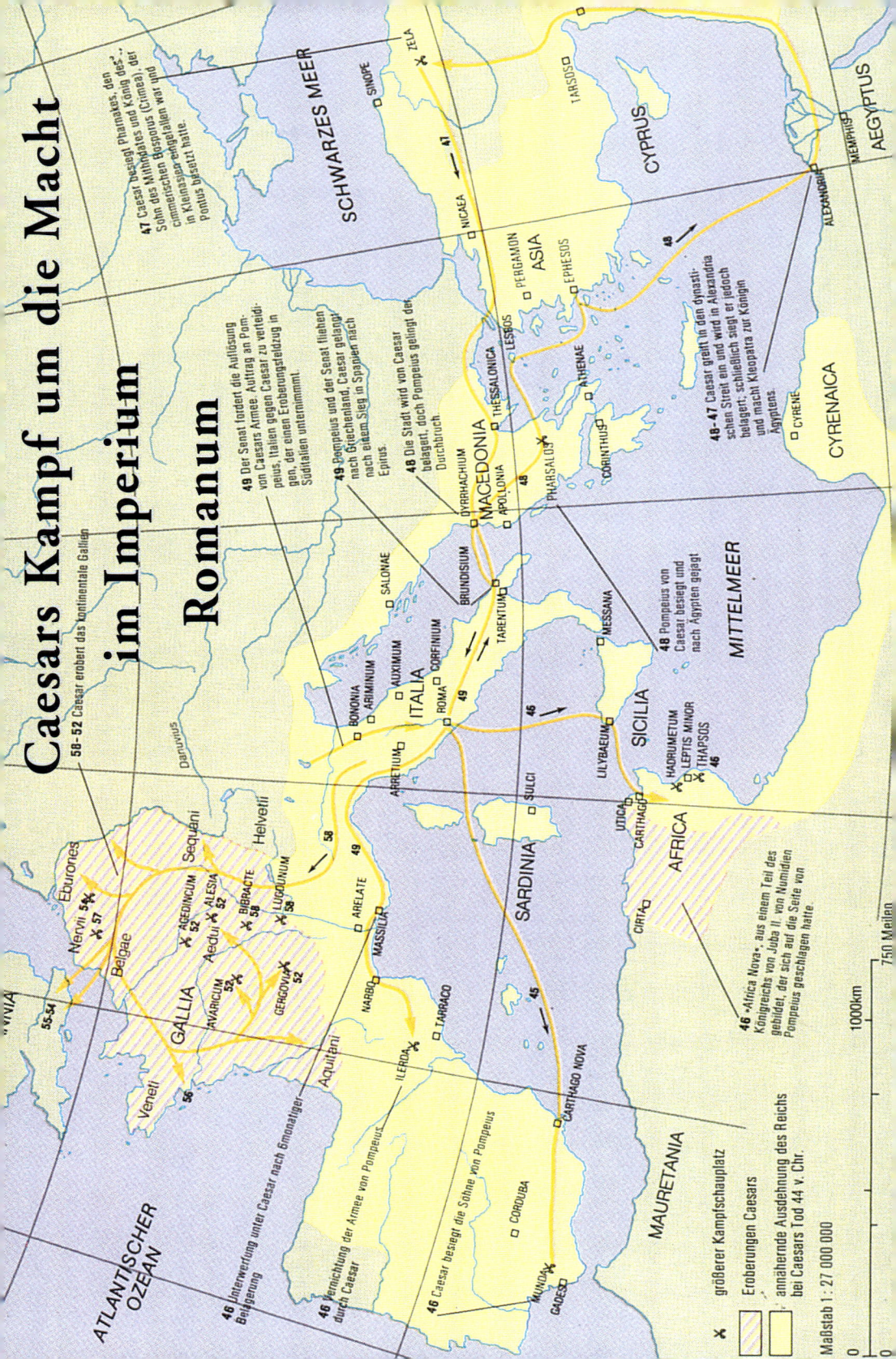

Caesars stilistisch geformte Sprache

Caesars Werk zählt zur römischen Kunstprosa. Das bedeutet: Der Autor hat sich bei aller Sachlichkeit der Darstellung um eine ansprechende und wirkungsvolle Form der Sprache bemüht. Dabei verwendete er auch bestimmte stilistische Figuren. Die wichtigsten davon sind nachfolgend beschrieben und durch Beispiele verdeutlicht:

Alliteration: Wiederholung des gleichen Anlauts in aufeinanderfolgenden Wörtern:
Gallia *s*ecuribus *s*ubiecta **p**erpetua **p**remitur *s*ervitute. (VII 77, 54 f.)

Anapher: Wiederaufnahme des gleichen Wortes am Anfang von Sätzen oder Satzblöcken:
quae ... reprehendat, ostendit; **quae** ... intellegat, **quae** ... queratur, proponit. (I 20, 23 ff.)

Antithese: Gegenüberstellung gegensätzlicher Begriffe oder Gedanken (oft mit ↗ Asyndeton):
Obsides **accipere**, non **dare** consueverunt. (I 14, 15 f.)

Asyndeton: Unverbundene Reihung von Begriffen, Satzblöcken oder Sätzen:
Omnes **lingua, institutis, legibus** inter se differunt. (I 1,7)

Chiasmus: Kreuzweise Stellung einander entsprechender Begriffe oder Satzteile, benannt nach dem griechischen Buchstaben X (= Chi):
(Romani)   **ignotis locis** ...   *magno et gravi onere armorum pressis*

(Britanni)   *aut ex arido aut paululum in aquam progressi* ...   **notissimis locis**
                                                                      (IV 24, 7-15)

Ellipse: Auslassung eines ergänzbaren Wortes (meist des Infinitivs *esse* beim Infinitiv Perfekt oder beim Gerundivum):
Memoria tenebat ... consulem occisum ⟨ esse ⟩. (I 7, 19 f.)
Caesar non exspectandum ⟨ esse ⟩ sibi statuit. (I 11, 18)

Hendiadyoin: Aufspaltung einer Vorstellung in zwei sich ergänzende Begriffe:
A **cultu atque humanitate** (Zivilisation) provinciae longissime absunt. (I 1, 11 f.)

Hyperbaton: Sperrung zweier zusammengehöriger Wörter:
Aliud **iter** habent **nullum**. (I 7, 15)

Klimax: Anordnung einer Wort- oder Satzreihe nach stufenweiser Steigerung in Inhalt oder Intensität:
Iura, leges, agros, libertatem nobis reliquerunt. (VII 77, 44)

Parallelismus: Gleiche Anordnung von einander entsprechenden Wörtern und Satzteilen:
Milites simul   et *de navibus*   **desiliendum**
                et *in fluctibus*   **consistendum**
                et *cum hostibus* erat **pugnandum**.   (IV 24, 10 f.)

Trikolon: dreigliedriger (meist asyndetisch gereihter) Ausdruck:
Omnes **lingua, institutis, legibus** ... *differunt*. (I 1, 7)

Begleitmaterialien zur Vertiefung und Unterhaltung

Wissenschaftliche Literatur

DAHLHEIM, W.: Julius Caesar. Die Ehre des Kriegers und der Untergang der römischen Republik. München 1987
DUVAL, P.-M.: Gallien. Leben und Kultur in römischer Zeit. Stuttgart 1979
GELZER, M.: Caesar. Der Politiker und Staatsmann. Wiesbaden 1960
GRANT, M.: Caesar. Genie, Diktator, Gentleman. Hamburg 1970
HOCHHUTH, R.: Täter und Denker. Profile und Probleme von Cäsar bis Jünger. Stuttgart 1987
MEIER, CH.: Caesar. Berlin 1982
OPPERMANN, H.: Caesar, Rowohlt Bildmonographie. Hamburg 1968
TERNES, CH.-M.: Die Römer an Rhein und Mosel. Stuttgart 1975
UTTSCHENKO, S.L.: Caesar. Berlin 1982

Belletristik

BRECHT, B.: Die Geschäfte des Herrn Julius Caesar. Reinbek 1996
JENS, W.: Die Verschwörung. München 1974
SHAKESPEARE, W.: Julius Caesar. München 1998
WILDER, TH.: Die Iden des März. Frankfurt/M. 1994

Jugendnahe Literatur

BERGNER, H.: Die Jungen von der ersten Kohorte
COLL, P.: Das gab es schon im Altertum. Technische Meisterwerke vor Jahrtausenden
CONOLLY, P.: Die römische Armee
GOSCINNY/UDERZO: Asterix-Bände
FERNAU, J.: Cäsar lässt grüßen. München 1998
GRUND, J.C.: Geiseln für Cäsar. Eine Erzählung aus dem alten Rom. Bindlach 1984
ISENBERG, J.: Julius Caesar
JELUSICH, M.: Caesar
JENNINGS, L./WALTERS, C.: Komm zurück, Caesar! Gießen 1998
JUNG, E.F..: In den Krallen des römischen Adlers
MIQUEL, P.: So lebten sie zur Zeit der römischen Legionäre. Nürnberg 1996
ORLANDI, E.: Caesar und seine Zeit
RUBRICASTELLANUS.: Caesaris commentarii belli Gallici: Bellum Helveticum im Comic-Stil
STÖVER, H.D.: Die Frau des Senators
DERS.: Drei Tage in Rom. Land- und Stadtleben zur Zeit Cäsars. München 1990
DERS.: Cäsar und der Gallier. Würzburg 1994
SUTCLIFF, R.: Der Adler der Neunten Legion. München 1971

Video

Iulius Caesar: Die Schlacht um Alesia. Video-Kassette. Darmstadt 1999

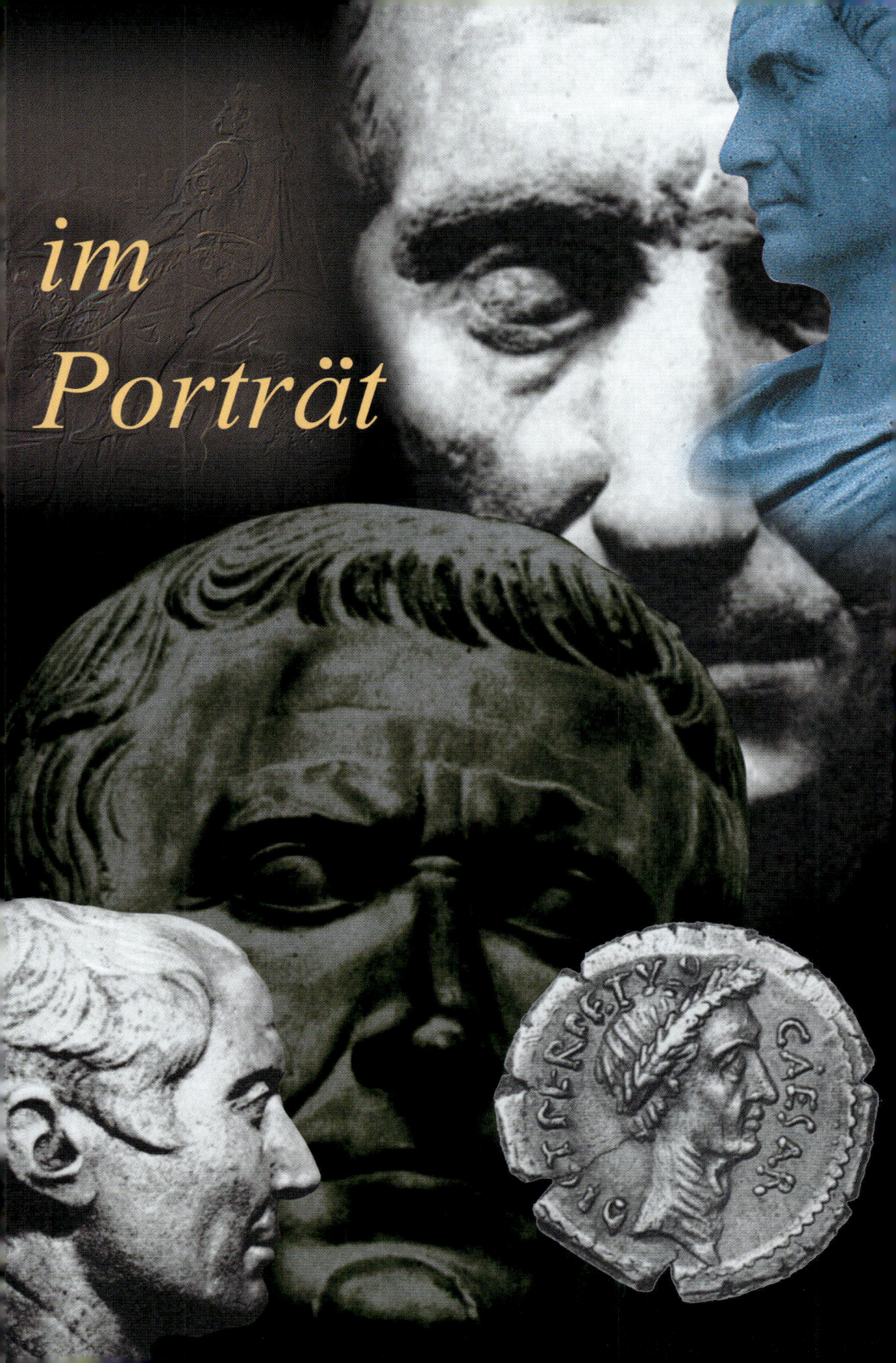
im Porträt

Projektbezogene Wortschatzarbeit

Caesar stellt wohl in aller Regel die erste Hauptlektüre dar. Hier muss die zweite Phase der Wortschatzarbeit zielstrebig und effektiv gestaltet werden. Die Wiederholung und Festigung des Wortschatzes gelingt am nachhaltigsten und wirkungsvollsten, wenn sie sich eng an den tatsächlich übersetzten oder zu übersetzenden Textsequenzen orientiert, also nicht „auf Vorrat und Verdacht", sondern auf das aktuell Notwendige fokussiert. Dies verlangt allein schon die rationelle Verwaltung der wenigen zur Verfügung stehenden Zeit. Der wiederholte oder gelernte Wortschatz muss jeweils direkt den Bedürfnissen der laufenden Lektüre genügen.

Das Konzept einer projektbezogenen Wortschatzarbeit

Eine an der Praxis ausgerichtete und unmittelbar hilfreiche Wortschatzarbeit bedarf einer überlegten methodischen Strategie. Sie sollte folgendermaßen angelegt sein.
- Für das obligatorische zu Lektürebeginn anstehende Proöm muss der Wortschatz (29 LW) unmittelbar und sofort zur Verfügung stehen; er ist im Laufe der zwei für die Proömlektüre nötigen Stunden zu wiederholen bzw. zu lernen.
- Für die angebotenen Einzelprojekte muss der Wortschatz gesondert geboten sein, damit sie frei kombinierbar bleiben. Dabei sind der Basiswortschatz und die Projekt-Wortschatzlisten zu unterscheiden. Der Basiswortschatz, in den die Wörter des Proöms nicht mehr aufgenommen sind, erfasst 103 lateinische Wörter, die in drei oder mehr Projekten begegnen oder Leitwörter in Caesars Sprache darstellen; er muss, unabhängig von der jeweiligen Projekt-Kombination, wiederholt oder gelernt werden. Die Projekt-Wortschatzlisten sind je nach Wahl des Projekts einzusetzen.

Beide Teile, Basiswortschatz und Projekt-Wortschatzlisten, dienen am Anfang der Projekt-Lektüre, d.h. wenn die wiederholende Spracharbeit erst einsetzt, zum raschen Nachschlagen der Wörter. Zugleich aber sollten von Anfang an sowohl aus dem Basiswortschatz wie auch aus der entsprechenden Wortschatzliste des Projekts, das als erstes behandelt wird, eine bestimmte Zahl von Wörtern (etwa 15-20 pro Stunde) wiederholt bzw. gelernt werden. Es wäre auch denkbar, zunächst nur den Basiswortschatz zu bearbeiten und die Projekt-Wortschatzlisten dabei nur zum Nachschlagen heranzuziehen, dann aber – nach der Erarbeitung des Basiswortschatzes – jeweils die Wortschatzliste des gerade anstehenden Projekts zur Wortschatzarbeit einzusetzen. Auf diese Weise ist die Aneignung des Basiswortschatzes in relativ kurzer Zeit (Wortschatz-Hausaufgabe für etwa 5-6 Stunden) bewältigt. In der restlichen Zeit der Caesarlektüre lassen sich effektiv – parallel zur Lektüre – diejenigen Wortschatzlisten bearbeiten, die für die weiteren ausgewählten Lektüreprojekte innerhalb der Caesarausgabe zur Verfügung stehen.

Methodische Strategie der Wortschatzarbeit

Wortschatz des Prooms
29 LW
(in den ersten beiden Stunden zu erarbeiten)

⇓

Basiswortschatz
103 LW
(in jedem Fall während der Lektüre des gewählten Programms zu erarbeiten)

⇓

Projektbezogene Wortschatzlisten

1. Projekt	2. Projekt	3. Projekt	4. Projekt	5. Projekt	6. Projekt	7. Projekt
Helvetier	Ariovist	Am Rhein	Britannien	Dumnorix	Germanen	Vercingetorix
164 LW	86 LW	61 LW	77 LW	55 LW	49 LW	62/124 LW

(je nach Auswahl und Kombination der Projekte gesondert zu bearbeiten)

Bei einer solchermaßen organisierten Wortschatzarbeit sind den Schülerinnen und Schülern alle zur Lektüre benötigten Wörter unmittelbar verfügbar. Die möglichen Kombinationen der Projekte erfordern im Höchstfall die Wiederholung oder (zu einem geringen Teil) das Erlernen von 300 bis 400 lateinischen Wörtern. Dies sollte innerhalb des für die Caesarlektüre gesteckten Zeitrahmens durchaus möglich sein.

Das Material für eine projektbezogene Wortschatzarbeit

Wortschatz des Prooms

abesse (absum, afui)	fern sein
animus	1. Geist 2. Gesinnung 3. Mut
bellum	Krieg
bellum gerere (gero, gessi, gestum)	Krieg führen
contendere (contendo, -tendi)	1. sich anstrengen 2. kämpfen
differe (differo, distuli)	sich unterscheiden
dividere (divido, divisi, divisum)	teilen
fines, -ium *m. Pl.*	Gebiet(e)
flumen, -inis *n.*	Fluss
fortis, -e	tapfer
incolere (incolo, -colui, -cultum)	bewohnen
importare	einführen
lex, legis *f.*	Gesetz

lingua	1. Zunge 2. Sprache
mercator, -oris *m.*	Kaufmann
omnis, -e	ganz, jeder
omnes, -ia *Pl.*	alle; alles
pars, partis *f.*	1. Teil 2. Seite 3. Richtung
proelium	Kampf, Schlacht
prohibere (prohibeo, -hibui, -hibitum)	hindern, abhalten
propterea (quod)	deshalb (weil)
proximus *Superl.*	der nächste, am nächsten
qua de causa	deshalb
quod *Subj.*	1. weil, da 2. dass
reliqui, -ae, -a *Pl.*	die übrigen
reliquus	übrig, restlich
tres, tria	drei
tertius	der dritte
trans *Präp. m. Akk.*	über, hinüber
unus	einer

Basiswortschatz

ager, agri *m.*	1. Acker, Feld 2. Land
alius, alia, aliud	der, die, das andere
amicitia	Freundschaft
arbitrari *Dep.*	glauben, meinen
arbitratus *m. AcI*	in der Meinung, dass
arma, -orum *n. Pl.*	Waffen
audere *Semidep.!* (audeo, ausus sum)	wagen
auxilium	Hilfe
calamitas, -atis *f.*	Unglück, Katastrophe
capere (capio, cepi, captum)	1. fangen 2. fassen 3. erobern
castra, -orum *n. Pl.*	Lager
causa	Grund; Sache
causa *m. Gen.*	um ... willen, wegen
civitas, -atis *f.*	Staat, Stamm
coepisse *Perf.* (← incipere)	angefangen haben
cogere (cogo, coegi, coactum)	1. zwingen 2. zusammenführen
cognoscere (cognosco, cognovi, cognitum)	1. erkennen 2. kennenlernen
condicio, -onis *f.*	1. Bedingung 2. Lage
consilium	1. Rat 2. Plan, Absicht
constituere (constituo, -stitui, -stitutum)	1. festsetzen, beschließen 2. hinstellen
copiae, -arum *f. Pl.*	Truppen
cum *Präp. m. Abl.*	mit
cum *Subj. m. Indikativ*	1. wenn 2. indem
cum *Subj. m. Konjunktiv*	1. als, nachdem 2. weil, da 3. obwohl 4. während hingegen
dare (do, dedi, datum)	geben
de *Präp. m. Abl.*	1. von ... herab 2. über

debere (debeo, debui)	müssen, schulden
dedere (dedo, dedidi, deditum)	1. übergeben 2. ausliefern
defendere (defendo, -fendi, -fensum)	verteidigen
dicere (dico, dixi, dictum)	sagen
enim	nämlich
exercitus, -us *m.*	Heer
existimare	glauben, meinen
facere (facio, feci, factum)	tun, machen
facilis, -e	leicht (zu tun)
facile *Adv.*	leicht
ferre (fero, tuli, latum)	1. tragen 2. bringen 3. ertragen
fides, -ei *f.*	1. Treue 2. Vertrauen 3. Schutz
fieri (fio, factus sum)	1. geschehen 2. werden 3. gemacht werden
gravis, -e	schwer, bedrückend
habere	1. haben 2. *m. dopp. Akk.*: halten für
homo, -inis *m.*	Mensch
hostis, -is *m.* (*f.*)	Feind
imperator, -oris *m.*	Feldherr
imperium	1. Befehl 2. Herrschaft
incipere (incipio, coepi, coeptum)	anfangen
iniuria	Unrecht
intellegere (intellego, intellexi)	einsehen, erkennen
interficere (interficio, -feci, -fectum)	töten
iubere (iubeo, iussi, iussum)	befehlen, anordnen
legatus	1. Gesandter 2. Legat (Unterfeldherr)
libertas, -atis *f.*	Freiheit
locus (*Pl.*: loca!)	Ort, Platz, Stelle
magnus	groß
magnitudo, -inis *f.*	Größe
magnopere *Adv.*	sehr
manus, -us *f.*	1. Hand 2. Schar
maxime *Adv.*	am meisten, besonders
miles, -itis *m.*	Soldat
mittere (mitto, misi, missum)	schicken
multi, -ae, -a *Pl.*	viele; vieles
ne *Subj. m. Konjunktiv*	1. dass nicht 2. damit nicht 3. dass (nach Verben des Fürchtens)
nemo	niemand
nobilis, -e	1. adelig 2. berühmt
nuntiare	melden, berichten
nuntius	1. Bote 2. Nachricht
ob eam rem	deshalb
officium	1. Pflicht 2. Pflichtgefühl
oportet *unpersönl.*	1. es gehört sich 2. es ist nötig
oppidum	1. Befestigung 2. Stadt

pax, pacis *f.*	Frieden
pellere (pello, pepuli, pulsum)	1. vertreiben 2. schlagen
per *Präp. m. Akk.*	durch, hindurch
periculum	Gefahr
petere (peto, petivi, petitum)	1. erstreben 2. (er)bitten 3. angreifen
plus	mehr
plurimum *Adv.*	am meisten
populus	Volk
posse (possum, potui)	können
potestas, -atis *f.*	1. Macht 2. Möglichkeit
premere (premo, pressi, pressum)	1. drücken 2. bedrücken, bedrängen
princeps, -ipis *m.*	1. Führer 2. Fürst
proficisci *Dep.* (proficiscor, profectus sum)	aufbrechen, abreisen
pugna	Kampf, Schlacht
pugnare	kämpfen
relinquere (relinquo, reliqui, relictum)	zurücklassen, verlassen
res, rei *f.*	1. Sache, Ding 2. Angelegenheit
res publica	Gemeinwesen, Staat
servitus, -utis *f.*	Knechtschaft, Sklaverei
signum	1. Zeichen 2. Feldzeichen
summus *Superl.*	der höchste, oberste
tempus, -oris *n.*	Zeit
tenere (teneo, tenui)	1. halten 2. behalten
timere (ne)	fürchten (dass)
timor, -oris *m.*	Furcht
totus	ganz
traducere (traduco, -duxi, -ductum)	hinüberführen
tutus	sicher
tutus a *m. Abl.*	sicher vor
ubi *m. Indikativ*	1. *Subj.*: sobald 2. *Rel.-pron.*: wo
urbs, urbis *f.*	Stadt
ut *Subj. m. Konjunktiv*	1. dass 2. damit
Subj. m. Indikativ	1. sobald 2. wie
uti *Dep.* (utor, usus sum)	benützen, gebrauchen
velle (volo, volui)	wollen
venire (venio, veni)	kommen
vereri *Dep.* (vereor, veritus sum) (ne)	1. fürchten (dass) 2. sich scheuen
victoria	Sieg
videri *m. Inf.*	scheinen, den Anschein haben
virtus, -utis *f.*	1. Tapferkeit 2. Tüchtigkeit
vis *f.* (*Akk.*: vim, *Abl.*: vi)	1. Kraft 2. Gewalt

Projektbezogene Wortschatzlisten

1. Projekt: Der Helvetierkrieg

abducere (abduco, -duxi, -ductum)	wegführen, verschleppen
accipere (accipio, accepi, acceptum)	annehmen, erhalten
accidere (accido, accidi)	sich ereignen, geschehen
acies, aciei *f.*	1. Schlachtordnung 2. Front
adducere (adduco, -duxi, -ductum)	1. verleiten 2. veranlassen
adulescentia	Jugend
adventus, -us *m.*	Ankunft
agere (ago, egi, actum)	handeln, tun
agere cum alqo	mit jdm. verhandeln
agmen, -inis *n.*	Heereszug
aggredi *Dep.* (aggredior, aggressus sum)	angreifen
altus	1. hoch 2. tief
alter ... alter	der eine ... der andere
amittere (amitto, amisi, amissum)	verlieren
amor, -oris *m.*	Liebe, Zuneigung
angustiae, -arum *f. Pl.*	1. Enge 2. Engpass
angustus	eng
bono animo esse	guten Mutes sein
casu *Adv.*	zufällig
cavere (caveo, cavi)	1. sich hüten 2. Vorsorge treffen
circiter *Adv.*	ungefähr
circumvenire (circumvenio, -veni, -ventum)	umzingeln
claudere (claudo, clausi, clausum)	1. schließen 2. einschließen
collocare	anlegen, ansiedeln
commemorare	erwähnen
committere (committo, -misi, -missum)	1. zulassen 2. begehen
commodus	angemessen, bequem
commovere (commoveo, -movi, -motum)	1. (innerlich) bewegen 2. veranlassen
comparare	1. bereiten 2. verschaffen
complecti *Dep.* (complector, -plexus sum)	umfassen, umarmen
concedere (concedo, -cessi, -cessum)	zulassen, erlauben
conquirere (conquiro, -quisivi, -quisitum)	1. zusammensuchen 2. erwerben
conspicari *Dep.*	erblicken
conspicere (conspicio, -spexi)	erblicken
consuescere (consuesco, -suevi)	sich gewöhnen
consuevisse *Perf.*	gewohnt sein
consumere (consumo, -sumpsi, -sumptum)	1. verbrauchen 2. verwenden
convenire (convenio, -veni)	zusammenkommen
corpus, -oris *n.*	Körper
crescere (cresco, crevi)	wachsen
decipere (decipio, -cepi, -ceptum)	täuschen
deliberare	überlegen
demonstrare	zeigen, nachweisen
dextra (*erg.* manus)	die rechte Hand, die Rechte
despicere (despicio, -spexi, -spectum)	verachten

dies, diei *m. (f.)*	Tag, Termin
difficilis, -e	schwierig
discedere (discedo, -cessi)	weggehen
discere (disco, didici)	lernen
diu *Adv.*	lange
dolor, -oris *m.*	Schmerz
dolus	List
domo *Adv.*	von zu Hause
domi *Adv.*	zu Hause
ducere (duco, duxi, ductum)	1. führen 2. meinen
dum *Subj. m. Indikativ o. Konjunktiv*	1. solange als 2. bis
duo	zwei
egregius	hervorragend
eo minus, quod	umso weniger, als
exire (exeo, -ii)	herausgehen, ausziehen
expugnare	erobern
exspectare	erwarten
extremus *Superl.*	der äußerste, letzte
facultas, -atis *f.*	Gelegenheit, Möglichkeit
ferrum	1. Eisen 2. Schwert
finis, -is *m.*	1. Ende 2. Grenze
flere (fleo, flevi)	weinen
fluere (fluo, fluxi)	fließen
frater, -tris *m.*	Bruder
fraternus	brüderlich
fruges, -um *f. Pl.*	Feldfrüchte, Getreide
fuga	Flucht
gratia	1. Gunst 2. Beliebtheit 3. Dank
graviter ferre	schwer daran tragen
iam *Adv.*	schon, bereits
ictus, -us *m.*	1. Stoß 2. Stich
immortalis, -e	unsterblich
impedire	hindern
impendere	1. drohen 2. bevorstehen
imperare	befehlen
in animo mihi est	ich habe im Sinn
incendere (incendo, -cendi, -censum)	anzünden
inimicus	Feind, feindlich
insidiae, -arum *f. Pl.*	Falle, Hinterlist
inter *Präp. m. Akk.*	1. zwischen 2. unter
ire (eo, ii)	gehen
ita	so
item *Adv.*	ebenso
iter, itineris *n.*	1. Reise 2. Weg 3. Marsch
ius, iuris *n.*	Recht
lacrima	Träne
liberi, -orum *m. Pl.*	Kinder
licet *unpersönl.*	es ist erlaubt
loqui *Dep.* (loquor, locutus sum)	sprechen

magis *Adv.*	mehr
maiores, -um *m. Pl.*	Vorfahren
mille	tausend
minuere (minuo, minui, minutum)	vermindern
mons, montis *m.*	Berg
monere	(er)mahnen
multo (maior)	um Vieles (größer)
nam	nämlich
nihil	nichts
niti *Dep.* (nitor) alqa re	sich stützen (auf etwas)
nolle (nolo, nolui)	nicht wollen
nondum *Adv.*	noch nicht
nonnulli, -ae, -a *Pl.*	manche; manches
nullus *Adj.*	keiner
nuper *Adv.*	neulich
occidere (occido, occidi, occisum)	niederhauen, töten
opes, opum *f. Pl.*	1. Macht 2. Mittel
orare	bitten
ostendere (ostendo, ostendi)	1. erklären 2. zeigen
paene *Adv.*	beinahe
pater, -tris *m.*	Vater
passus, -us *m.*	1. Schritt 2. Doppelschritt (röm. Längenmaß: ca. 1,50 m)
pati *Dep.* (patior, passus sum)	1. (er)leiden 2. zulassen
pernicies, -iei *f.*	Verderben, Untergang
persuadere (persuadeo, -suasi, -suasum)	1. *m. ut*: überreden 2. *m. AcI*: überzeugen
pervenire (pervenio, -veni) ad	gelangen zu
plures (quam)	mehrere, mehr (als)
poenas solvere (solvo, solvi, solutum)	1. Strafe zahlen 2. büßen
postea *Adv.*	später
praeter *Präp. m. Akk.*	außer
praeteritum	Vergangenes
praesidium	1. Schutz 2. Schutztruppe, Posten
preces, -um *f. Pl.*	Bitten
primus *Superl.*	der erste
proponere (propono, -posui, -positum)	in Aussicht stellen
propter *Präp. m. Akk.*	wegen
putare	1. glauben 2. *m. dopp. Akk.*: halten für
qua re	1. deshalb 2. weshalb
quattuor	vier
queri *Dep.* (queror, questus sum)	klagen, beklagen
quisquam	irgendeiner, jemand
recipere (recipio, -cepi, -ceptum)	aufnehmen
se recipere	sich zurückziehen
reducere (reduco, -duxi, -ductum)	zurückführen
reprehendere (reprehendo, -prehendi, -prehensum)	tadeln

resistere (resisto, -stiti)	Widerstand leisten
respondere (respondeo, -spondi, -sponsum)	antworten
restituere (restituo, -stitui, -stitutum)	wiederherstellen
reverti *Semidep.!* (revertor, reverti)	zurückkehren
ripa	Ufer
rogare	bitten
rursus *Adv.*	wieder
scire (scio, scivi)	wissen
secundus	1. der zweite 2. günstig
sine *Präp. m. Abl.*	ohne
statuere (statuo, statui)	1. festsetzen 2. beschließen
succedere (succedo, -cessi)	nachfolgen
sumere (sumo, sumpsi, sumptum)	nehmen
suspicio, -onis *f.*	Verdacht
memoria tenere	im Gedächtnis behalten
tolerare	ertragen
transire (transeo, -ii, -itum)	überschreiten
tribuere (tribuo, tribui, tributum)	1. zuteilen 2. zurechnen
vel ... vel	entweder ... oder
verbum	Wort
verus	wahr
vicus	Dorf
vincere (vinco, vici, victum)	siegen, besiegen
vocare	rufen
voluntas, -atis *f.*	1. Wille 2. Zustimmung
vulgus, -i *n.*	1. Volk 2. große Masse
vulnus, -eris *n.*	1. Wunde 2. Verlust

2. Projekt: Die Auseinandersetzung mit Ariovist

accipere (accipio, accepi, acceptum)	annehmen
adducere (adduco, adduxi, adductum)	1. verleiten 2. veranlassen
aliqui(s)	irgendeiner, jemand
altitudo, -inis *f.*	Höhe
ante (antea) *Adv.*	vorher, früher
appetere (appeto, appetivi, appetitum)	anstreben, begehren
angustiae, -arum *f. Pl.*	1. Engpass 2. Enge
arx, arcis *f.*	Burg
auctoritas, -atis *f.*	1. Ansehen 2. Macht
aut ... aut	entweder ... oder
avaritia	Habgier, Geiz
bellum inferre	bekriegen
brevi *Adv.*	in Kürze, in kurzer Zeit
castra movere	das Lager abbrechen, aufbrechen
centum	hundert
cingere (cingo, cinxi, cinctum)	umgeben, umschließen
circumdare (circumdo, -dedi, -datum)	umgeben
commovere (commoveo, -movi, -motum)	1. (innerlich) bewegen 2. veranlassen

conficere (conficio, -feci, -fectum)	beenden, vollenden
coniungere (coniungo, -iunxi, -iunctum)	verbinden
cupidus	begierig
cur	warum
cura	1. Sorge 2. Sorgfalt
cura mihi est	es ist meine Sorge; darum sorge ich mich
decimus	der zehnte
deesse (desum, defui)	fehlen
desperare	verzweifeln
dicitur *unpersönl.; m. Inf.*	man sagt, dass
dubitare	1. zögern 2. zweifeln
fortuna	Glück
frangere (frango, fregi, fractum)	brechen, zerbrechen
frumentum	Getreide
furor, -oris *m.*	Raserei, Wahnsinn
gratia	1. Gunst 2. Gnade 3. Beliebtheit
iam *Adv.*	schon, bereits
impellere (impello, -puli, -pulsum)	1. antreiben 2. veranlassen
implorare	anflehen, erflehen
ire (eo, ii)	gehen
iudicare	1. urteilen 2. meinen
iudicium	1. Urteil 2. Gericht
iurare	schwören
iustus	gerecht
labor, -oris *m.*	1. Arbeit 2. Anstrengung, Mühe
laus, laudis *f.*	1. Lob 2. Ruhm
liber, -a, -um	frei
liberi, -orum *m. Pl.*	Kinder
maior	größer
mereri (mereor, meritus sum)	verdienen, sich verdient machen
minor	geringer, minder
mons, -ntis *m.*	Berg
mors, -tis *f.*	Tod
multitudo, -inis *f.*	Menge
munire	1. befestigen 2. schützen
murus	Mauer
neque ... neque	weder ... noch
nihil *Adv.*	keineswegs
nomen, -inis *n.*	Name
nox, noctis *f.*	Nacht
numerus	Zahl
nunc *Adv.*	nun
paene *Adv.*	fast, beinahe
perspicere (perspicio, -spexi, -spectum)	erkennen, durchschauen
persuadere (persuadeo, -suasi, -suasum)	1. *m. ut*: überreden 2. *m. AcI*: überzeugen
possessio, -onis *f.*	Besitz
praemium	Belohnung

praeterea *Adv.*	außerdem
profugere (profugo, -fugi)	fliehen, sich flüchten
proximus *Superl.*	der nächste
quam *beim Komparativ*	als
quicumque	wer auch immer; jeder, der
quidem *Adv.*	freilich, gewiss, zwar
quisquam	irgendeiner, jemand
recens, -ntis	1. neu 2. frisch
repetere (repeto, -petivi, -petitum)	1. zurückfordern 2. wiederholen
ripa	Ufer
scire (scio, scivi, scitum)	wissen
sequi *Dep.* (sequor, secutus sum)	folgen
solus	allein
spatium	1. Raum 2. Zeitraum
spectare	sehen, schauen
tandem *Adv.*	1. endlich 2. eigentlich
tradere (trado, tradidi, traditum)	übergeben, überliefern
ullus	irgendeiner
utrum ... an	ob ... oder
valere (plus)	1. (mehr) vermögen 2. (mehr) bedeuten
viginti	zwanzig
vincere (vinco, vici, victum)	siegen, besiegen

3. Projekt: Caesar am Rhein

abicere (abicio, -ieci, -iectum)	wegwerfen, abwerfen
aequus	gerecht, billig
apud *Präp. m. Akk.*	bei
audire	hören
bellum conficere	den Krieg beenden
bellum inferre	bekriegen
clamor, -oris *m.*	Geschrei
concedere (concedo, -cessi, -cessum)	zulassen, erlauben
conficere (conficio, -feci, -fectum)	1. beenden 2. vollenden
coniungere (coniungo, -iunxi, -iunctum)	verbinden
copia	Menge
decem	zehn
equitatus, -us *m.*	Reiterei
finire	beenden
fuga	Flucht
ibi *Adv.*	dort
impellere (impello, -puli, -pulsum)	1. antreiben 2. veranlassen
interesse (intersum, -fui)	dabei sein, sich beteiligen
inicere (-icio. -ieci, -iectum)	1. hineinwerfen 2. einflößen
invitus	unwillig
me invito	gegen meinen Willen
laus, laudis *f.*	1. Lob 2. Ruhm

liberare	befreien
metus, -us *m.*	Furcht
militaris, -e	Kriegs-, militärisch
modo *Adv.*	1. nur 2. eben
natio, -onis *f.*	Volk, Nation
navis, -is *f.*	Schiff
nomen, -inis *n.*	1. Name 2. Ruhm
numerus	Zahl
octo	acht
opprimere (opprimo, -pressi, -pressum)	1. niederwerfen 2. unterdrücken
orare	bitten
perire (pereo, -ii)	zugrunde gehen
perpauci *m. Pl.*	ganz wenige
pervenire (pervenio, -veni) ad	gelangen zu
polliceri *Dep.* (polliceor, pollicitus sum)	versprechen
pons, pontis *m.*	Brücke
post *Präp. m. Akk.*	nach
postulare	fordern
quicquam	etwas
quoque *Adv.*	auch
recipere (recipio, -cepi, -ceptum)	aufnehmen
se recipere	sich zurückziehen
remanere (remaneo, -mansi)	zurückbleiben
retinere (retineo, -tinui)	zurückhalten
respondere (respondeo, -spondi, -sponsum)	antworten
satis *Adv.*	genügend
si *Subj.*	wenn, falls
spes, spei *f.*	Hoffnung
statuere (statuo, statui, statutum)	1. festsetzen 2. beschließen
supra *Adv.*	oberhalb, oben
suum, -i	das Seine, sein Besitz
suos Akk.	die Seinen, die Ihren
tantus	so groß
tergum	Rücken
trans *Präp. m. Akk.*	1. hinüber 2. jenseits
transire (transeo, -ii, -itum)	überschreiten
transportare	hinüberbringen
ulcisci *Dep.* (ulciscor, ultus sum)	rächen
ultimus *Superl.*	der äußerste, entfernteste
utilitas, -atis *f.*	Nutzen
videre (video, vidi, visum)	sehen
voluntas, -atis *f.*	Wille

4. Projekt: Der Griff nach Britannien

accidere (accido, accidi)	geschehen, sich ereignen
aes, aeris *n.*	Erz
altitudo, -inis *f.* (← altus)	Höhe

amittere (amitto, amisi, amissum)	verlieren
ancora	Anker
animadvertere (animadverto, -verti)	bemerken
apertus	offen
appropinquare	sich nähern
aqua	Wasser
audax, -acis	kühn
audacter *Adv.*	kühn
certe *Adv.*	sicherlich, gewiss
complures, -ium *m. Pl.*	mehrere
conferre (confero, contuli, collatum)	1. zusammentragen 2. beschaffen
conicere (conicio, -ieci, -iectum)	1. zusammenwerfen 2. schleudern
conspicere (conspicio, -spexi, -spectum)	erblicken
constat *unpersönl., m. AcI*	es steht fest
constitui *Pass.*	vor Anker gehen
consuescere (consuesco, -suevi)	sich gewöhnen
consuevisse *Perf.*	gewohnt sein, pflegen
continens, -ntis *f.* (*erg.* terra)	1. Festland 2. Kontinent
cottidie *Adv.*	täglich
cunctari *Dep.*	zögern, zaudern
decimus	der zehnte
deesse (desum, defui)	fehlen
desilire (desilio, desilui)	herabspringen
deus	Gott
difficultas, -atis *f.* (← difficilis)	Schwierigkeit
duodecim	zwölf
efficere (efficio, -feci, -fectum)	bewirken, erreichen
egredi *Dep.* (egredior, egressus sum)	herausgehen aus, aussteigen
equitatus, -us *m.*	Reiterei
equus	Pferd
figura	Form, Gestalt
fluctus, -us *m.*	Flut
fore (~ futurum esse)	sein werden
frangere (frango, fregi, fractum)	brechen, bersten lassen
frumentum	Getreide
genus, -eris *n.*	Gattung, Art
hiems, hiemis *f.*	Winter
ignotus	unbekannt
impeditus	unbehindert
imperitus	unerfahren
inde *Adv.*	von da
inusitatus	ungewohnt
inutilis, -e	unbrauchbar, untauglich
itaque *Konj.*	deshalb
item *Adv.*	ebenso
latus, -eris *n.*	Seite, Flanke
legio, -onis *f.*	Legion
mare, -is *n.*	Meer
membrum	Glied

motus, -us *m.* (← movere)	1. Bewegung 2. Beweglichkeit
navigare	segeln, zur See fahren
navis, -is *f.*	Schiff
necesse est *unpersönl.*	es ist nötig
nondum *Adv.*	noch nicht
nostri, -orum *m. Pl.*	die Unseren
notus	bekannt
ob has causas	aus diesen Gründen
omnino *Adv.*	überhaupt, im Ganzen
onus, oneris *n.*	Last
paulum *Adv.*	ein wenig
permovere (permoveo, -movi, -motum)	heftig erregen
perterrere	gewaltig erschrecken
plerumque *Adv.*	meistens
praestare (praesto, praestiti)	1. leisten 2. erfüllen
prodere (prodo, prodidi, proditum)	preisgeben, verraten
progredi *Dep.* (progredior, progressus sum)	vorrücken, weitermarschieren
propter *Präp. m. Akk.*	wegen
proximus *Superl.*	der nächste
reportare	zurückbringen
reficere (reficio, -feci, -fectum)	wiederherstellen
simul *Adv.*	zugleich
studium	Eifer, Einsatz
suspicari *Dep.*	vermuten
telum	1. Waffe 2. Geschoss
vox, vocis *f.*	Stimme

5. Projekt: Dumnorix – Symbolfigur des gallischen Widerstands

absens, absentis	abwesend
me absente	in meiner Abwesenheit
amentia	1. Wahnsinn 2. Torheit
antea *Adv.*	vorher, früher
auctoritas, -atis *f.*	1. Ansehen 2. Macht
ceteri, -ae, -a *Pl.*	die übrigen, die anderen
complures, -ia *Pl.*	mehrere
continens, -ntis *f.* (*erg.* terra)	1. Festland 2. Kontinent
cupidus	begierig
dictum	Aussage
discedere (discedo, -cessi)	weggehen, abziehen
domum *Adv.*	nach Hause
eques, -itis *m.*	Reiter
equitatus, -us *m.*	Reiterei
facies, -iei *f.*	1. Aussehen, Gestalt 2. Gesicht
factum	1. Tat 2. Vorgang
graviter ferre	schwer daran tragen
hortari *Dep.*	1. auffordern 2. mahnen
hospes, -itis *m./f.*	Gast, Gastfreund

idem, eadem, idem	der-, die-, dasselbe
impedire	hindern, verhindern
imperare	befehlen
imprimis *Adv.*	besonders, vor allem
inter *Präp. m. Akk.*	1. zwischen 2. unter
iusiurandum (*Gen.*: iurisiurandi) *n.*	Eid
liber, -a, -um	frei
longe *Adv.*	1. weit 2. bei Weitem
mare, -is *n.*	Meer
metus, -us *m.*	Furcht
navigare	segeln, zur See fahren
necare	töten
negare	1. leugnen 2. verweigern
neglegere (neglego, neglexi, neglectum)	1. vernachlässigen 2. missachten
nobilitas, -atis *f.*	1. Adel 2. Berühmtheit
nocere	schaden
parere (pareo, parui)	gehorchen
partim ... partim	teils ... teils
poscere (posco, poposci)	fordern, verlangen
postquam *Subj.*	nachdem
praesens, -ntis	1. gegenwärtig 2. anwesend
preces, -um *f. Pl.*	Bitten
primo *Adv.*	zuerst
progredi *Dep.* (progredior, -gressus sum)	vorrücken, noch weiter gehen
prospicere (prospicio, -spexi, -spectum) (ne)	1. vorausschauen 2. sorgen dafür (dass nicht)
regnum	Herrschaft, Königtum
remanere (remaneo, -mansi)	zurückbleiben
resistere (resisto, restiti)	sich widersetzen, Widerstand leisten
reverti *Semidep.!* (revertor, reverti)	zurückkehren
secum	mit sich
si (*Subj. mit Indikativ o. Konjunktiv*)	wenn, falls
sine *Präp. m. Abl.*	ohne
singuli, -ae, -a *Pl.*	einzelne; einzelnes
spes, spei *f.*	Hoffnung
spoliare	berauben
suos *Akk.*	die Seinen, die Ihren
videre (video, vidi, visum)	sehen

6. Projekt: Die Germanen – ein ganz anderes Volk

(ali)quis	irgendeiner, jemand
auris, -is *f.*	Ohr
aut ... aut	entweder ... oder
bos, bovis *m.*	Rind
cedere (cedo, cessi)	1. weichen 2. wegziehen
circum *Präp. m. Akk.*	rings um, um ... herum
consistere (consisto, -stiti)	1. sich hinstellen 2. niederlassen

cornu, -us *n.*	Horn
deligere (deligo, -legi, -lectum)	auswählen
domus, -us *f.*	Haus
dux, ducis *m.*	Führer
exercere	üben
expellere (expello, -puli, -pulsum)	vertreiben
extra *Präp. m. Akk.*	außerhalb
fas *n.*	(göttliches) Recht
femina	Frau
figura	Form, Gestalt
finitimi, -orum *m. Pl.*	Anwohner, Nachbarn
fore (~ futurum esse)	sein werden
forma	Form, Gestalt
hospes, -itis *m.*	Gast, Gastfreund
idem, eadem, idem	der-, die-, dasselbe
iuventus, -utis *f.*	Jugend
latus	weit
quam latissime	möglichst weit
laudare	loben
laus, laudis *f.*	1. Lob 2. Ruhm
magis *Adv.*	mehr
magistratus, -us *m.*	1. Amt 2. Beamter
maximus *Superl.*	der größte
minuere (minuo, minui, minutum)	verkleinern, mindern
multitudo, -inis *f.*	Menge
natura	1. Natur 2. Wesen
notus	bekannt
nullus	keiner
patere	offen, zugänglich sein
polliceri *Dep.* (polliceor, pollicitus sum)	versprechen
postea *Adv.*	nachher, später
praeesse (praesum, praefui)	voranstehen, führen, leiten
probare	1. billigen 2. anerkennen
prope *Präp. m. Akk.*	nahe bei
quacumque de causa	aus welchem Grund auch immer
quisquam	irgendeiner, jemand
quisque	jeder
regio, -onis *f.*	Gegend, Landstrich
sequi *Dep.* (sequor, secutus sum)	folgen
sicut *Adv.*	(so) wie
surgere (surgo, surrexi)	sich erheben
tollere (tollo, sustuli, sublatum)	aufheben, beseitigen
vastare	verwüsten

7. Projekt: Vercingetorix – Galliens Freiheitsheld

7.1 Aufstieg und Gefangennahme des Helden (ohne Critognatus-Rede)

adire (adeo, adii)	1. (her)angehen 2. sich wenden an
adulescens, -ntis *m.*	Jüngling, junger Mann
adpetere (adpeto, -petivi, -petitum)	anstreben, begehren
adversarius	Gegner
aedificium	Gebäude
amittere (amitto, amisi, amissum)	verlieren
annus	Jahr
appellare	1. anrufen 2. nennen
captivus	Gefangener
cedere (cedo, cessi)	1. gehen 2. weichen
celeriter *Adv.*	schnell
communis, -e	gemeinsam
concilium	Versammlung
concurrere (concurro, -curri, -cursum)	zusammenlaufen, von überall herbeieilen
confidere *Semidep.!* (confido, confisus sum)	vertrauen, sich verlassen
considere (consido, -sedi)	1. sich hinsetzen 2. sich niederlassen
conspicere (conspicio, -spexi, -spectum)	erblicken
cottidie *Adv.*	täglich
convocare	zusammenrufen
copia	Menge
delere	vernichten
demonstrare	1. zeigen 2. erklären
desistere (desisto, destiti)	ablassen, aufhören
dolor, -oris *m.*	Schmerz
dux, ducis *m.*	Führer
eques, -itis *m.*	Reiter
equitatus, -us *m.*	Reiterei
expellere (expello, -puli, -pulsum)	vertreiben
filius	Sohn
fortuna	1. Schicksal 2. Glück
hortari *Dep.*	1. auffordern 2. ermahnen
idem, eadem, idem	der-, die-, dasselbe
incendium	Brand
incendere (incendo, -cendi, -censum)	anzünden, in Brand stecken
modus	1. Maß 2. Art und Weise
mors, mortis *f.*	Tod
natura	1. Natur 2. Wesen, natürliche Beschaffenheit
neglegere (neglego, neglexi, neglectum)	1. missachten 2. vernachlässigen
obtinere (obtineo, -tinui)	1. festhalten 2. behaupten
offerre (offero, obtuli, oblatum)	anbieten
pater, -tris m.	Vater
per *Präp. m. Akk.*	1. durch 2. über ... hin
placere	gefallen

potentia	1. Macht 2. Gewalt
praeda	Beute
praeterea *Adv.*	außerdem
princeps, -cipis *m.*	1. Führer 2. Fürst
pro *Präp. m. Abl.*	1. für 2. vor
probare	billigen
quicumque	wer auch immer; jeder, der
quo?	wohin?
quoniam *Subj.*	da ja
regnum	Königsherrschaft
res familiaris *f.*	Vermögen, Privatbesitz
rex, regis *m.*	König
salus, -utis *f.*	1. Heil 2. Rettung
sententia	1. Antrag 2. Meinung 3. Wille
studere	sich bemühen, streben
suscipere (suscipio, -cepi, -ceptum)	1. auf sich nehmen 2. unternehmen
tamen	dennoch
tradere (trado, tradidi, traditum)	1. übergeben, überliefern 2. ausliefern
vivus	lebend, lebendig

7.2 Critognatus-Rede (zusätzlich zu dem in 7.1 aufgeführten Wortschatz)

adducere (adduco, -duxi, -ductum)	1. verleiten 2. veranlassen
aditus, -us *m.*	Zugang
appropinquare	sich nähern
adventus, -us *m.*	Ankunft
aeternus	ewig
aetas, -atis *f.*	1. Zeit 2. Alter
apud *Präp. m. Akk.*	bei
censere (censeo, censui, censum)	1. meinen 2. dafür stimmen
confirmare	bestärken, ermutigen
constantia	Standhaftigkeit, Durchhaltevermögen
corpus, -oris *n.*	1. Körper 2. Leiche
dies, diei *m. (f.)*	1. Tag 2. Termin
dignitas, -atis *f.*	Ansehen, Würde
dubitare	1. zweifeln 2. zögern
excedere (excedo, -cessi)	weggehen, abziehen
exerceri	sich üben
ergo *Adv.*	also, folglich
exemplum	Beispiel
fama	1. Ruf 2. Ruhm
finitimus	angrenzend, benachbart
fore (~ futurum esse)	sein werden
gerere (gero, gessi, gestum)	aufführen, verrichten, tun
ignorare	nicht wissen
inferre (infero, intuli, illatum)	beibringen, zufügen

inopia	1. Not 2. Mangel
inutilis, -e	unbrauchbar, untauglich
invidia	Neid, Missgunst
iudicare	1. urteilen 2. meinen
ius, iuris *n.*	Recht
maiores, -um *m. Pl.*	Vorfahren
memoria	1. Erinnerung 2. Gedächtnis
milia, -ium	zehntausend
nam *Konj.*	denn
natio, -onis *f.*	Volk, Nation
nihil	nichts
nolle (nolo, nolui)	nicht wollen
Noli dubitare!	Zögere nicht!
nox, noctis *f.*	Nacht
nullus	keiner
octoginta	achtzig
patienter *Adv.*	geduldig, duldsam
posteri, -orum *m. Pl.*	die Späteren, Nachwelt
potens, -ntis	mächtig
prodere (prodo, prodidi, proditum)	preisgeben, verraten
propinquus	Verwandter
pulcher, -chra, -chrum	schön, herrlich
putare	glauben, meinen
quam *beim Komparativ*	als
quid?	was?
reperire (reperio, repperi, repertum)	finden
respicere (respicio, -spexi, -spectum)	1. berücksichtigen 2. schauen auf
similis, -e	ähnlich
subicere (subicio, -ieci, -iectum)	unterwerfen
stultitia	Torheit, Dummheit
tantus	so viel
terra	Land
terrere	erschrecken
timor, -oris *m.*	Furcht
turpis, -e	schändlich
umquam *Adv.*	jemals
versari *Dep.*	verweilen, sich aufhalten
videre (video, vidi, visum)	sehen
vita	Leben

Inhalt

Vorwort 3

Didaktische Hinweise 4

Einleitung
1. Caesars politischer Aufstieg und die Eroberung Galliens 6
2. Die *Commentarii de bello Gallico* 8
3. Caesar im Bürgerkrieg und als Diktator 12
4. Caesar im Urteil der Nachwelt 13

Liber Primus
Das Eingreifen in Gallien 16
Der Helvetierkrieg 18
Die Auseinandersetzung mit Ariovist 50

Liber Quartus
Caesar am Rhein 64
Der Griff nach Britannien 72

Liber Quintus
Dumnorix – Symbolfigur des gallischen Widerstands 84

Liber Sextus
Die Germanen – ein ganz anderes Volk 88

Liber Septimus
Vercingetorix, Galliens Freiheitsheld 92

Zusatztexte
Vom Gallischen Krieg zum Bürgerkrieg 109
Die Ermordung Caesars – Die Iden des März 111
Der lateinische Weg zu Caesars Leben und Taten 114

Karten 118

Caesars stilistisch geformte Sprache 120

Begleitmaterialien zur Vertiefung und Unterhaltung 121

Caesar im Porträt 122

Projektbezogene Wortschatzarbeit 124

Zur Doppelseite *Caesar im Porträt*, S. 122 f.

„Nach dem römischen Historiker Sueton war Caesar von hoher Gestalt, weißer Hautfarbe, gleichsam gedrechselten Gliedern. Der Mund war etwas groß, die Augen schwarz und lebhaft; die Gesundheit vorzüglich. Das Untergesicht, in dem Kinn und Kinnlade so kantig herausgearbeitet sind, drückt nur Willen aus, Willen eines beinahe asketischen, von unermesslicher und geistiger Anstrengung erfüllten und auf Macht eingestellten Lebens. Wangen und Schläfen sind abgezehrt. Der feine Mund ist mit zarter und edler Schwingung beherrscht geschlossen. Der Umriss des Schädels hat etwas eigentümlich Kantiges, zumal im Profil, und zu dieser gleichsam kristallenen Grundform stehen weichere Züge um Mund und Augen und das ganz individuelle zierliche Ohr in einem Gegensatz, wie er bei einem älteren griechischen Werk undenkbar wäre."

Karl Schefold/Ernst Robert Curtius

Wohl kein Politiker in der Antike ist öfter porträtiert worden als Caesar.
Welchen Schluss lässt dies auf seine Einschätzung schon in der damaligen Zeit zu?

Abbildungsnachweis

S. 8: Scala, Antella; S. 15: Österreichische Nationalbibliothek, Wien; S. 16: Avignon, Musée Calvet; S. 21: Keystone / Poite; S. 23: Musée cantonal des Beaux-Arts, Lausanne / JC Ducret; S. 33: AKG, Berlin / Erich Lessing; S. 43: BPK, Berlin; S. 44: Scala, Antella; S. 45: Scala, Antella; S. 49 a/b: AKG, Berlin / Erich Lessing; S. 53: AKG, Berlin / Erich Lessing; S. 55: J. P. Tupin, Avanne; S. 61: AKG, Berlin; S. 73: Magazin – Die Bildagentur, München; S. 76: Museum für Antike Schifffahrt, Mainz; S. 77: Interfoto München / Karger-Decker; S. 78: Scala, Antella; S. 82: The National Museum of Wales; S. 83: Römisch-Germanisches Zentralmuseum, Mainz; S. 86: AKG, Berlin; S. 88: Landesmuseum Mainz; S. 89: Scala, Antella; S. 93: Danyel Massacrien / Ville de Clermont-Ferrand; S. 97: Artothek, Peissenberg/ Blauel - Gnamm; S. 103b: Scala, Antella; S. 105: Bavaria Bildagentur, Gauting / Giraudon; S. 106a: AKG, Berlin; S. 106b: Gerhard Dittrich, Bamberg; S. 107: Astrid Heuer, Berlin; S. 109: Staatliche Kunsthalle, Karlsruhe; S. 111: Niedersächsische Landesgalerie, Hannover; S. 116: Scala, Antella; S. 122 f.: AKG, Berlin (2); BPK, Berlin (1); Weltbild / Interfoto; Verlagsarchiv.